탁월한 **리더는 피드백**이 **다르다**

feedback

피드백이 없으면 직원들은 무능해지고 리더는 독재자가 된다

탁월한 리더는 피드백이 다르다

김상범 · 조윤호 · 하주영 지음

호이테북스
today

리더의 두 가지 역할

철학자 알프레드 N. 화이트헤드Alfred North Whitehead는 "평범한 교사는 말하고, 좋은 선생은 설명하고, 훌륭한 선생은 모범을 보이고, 위대한 스승은 영감을 준다"고 말했다. 진정한 스승이 제자에게 주는 영감은 두 가지다. 이 두 가지는 리더의 역할이기도 한데, 은유적으로 표현하면 리더는 '거울'과 '등대' 역할을 한다.

먼저, 리더는 조직 구성원들의 잠재력을 비추는 거울 역할을 한다. 구성원들은 리더를 통해 자신의 잠재력을 발견할 수 있다는 뜻이다. 사람은 자기와 같거나 비슷한 성질을 가진 사물을 잘 이해한다. 사람과 사람의 관계도 마찬가지여서 어떤 사람을 깊이 이해할 수 있는 이유는 내 안에서 그 사람을 보고, 그 사람 안에서 나를 볼 수 있기 때문이다. 스티브 잡스Steve Jobs는 "자신의 본모습을 기억해 내는 방법 중 하나는 자신이 존경하는 마음속 영웅을 떠올리는 것이다"라고 말했다. 실제로 그는 자신의 마음속 영웅을 통해 꿈과 재능 그리고 핵심 가치를 재발견할 수 있었다.

둘째, 리더는 구성원들이 일의 방향성을 정립하는 데 실마리를 제공한다. 옛날 도보 여행자들은 밤하늘에 떠 있는 북극성을 길잡이로 삼았고, 바다 여행자들에게는 북극성과 함께 등대가 길잡이 역할을 했다. 성과 창출이라는 여행에도 북극성과 등대가 필요한데, 리더가 그 역할을 해야 한다.

투자가 워런 버핏Warren Buffett은 역할 모델을 '나의 영웅'이라 부르며 "당신의 영웅이 누구냐에 따라 앞으로 삶이 어떻게 전개될지도 대강 짐작할 수 있다"고 말한다. 버핏은 컬럼비아 대학의 벤저민 그레이엄Benjamin Graham 교수를 '영웅'으로 삼았고, 그로부터 투자 이론과 실무를 배웠다.

리더의 두 가지 역할을 구체적으로 실천 가능하게 하는 것이 바로 피드백이다. 일상에서 피드백은 우리의 모습을 비추어 준다. 피드백을 통해 우리는 자신이 원하는 모습이 될 수 있다. 누구나 자신의 모습을 객관적으로 보기 어렵다. 그러나 우리의 말이나 행동도 거울을 보는 것처럼 객관적으로 볼 수 있는 장치가 있다. 바로 피드백이다.

효과적인 피드백은 성과관리, 나아가 비전 달성에 꼭 필요하다. 구성원들이 우선순위에 따라 집중할 수 있도록 해주기 때문이다. "직원들이 자신이 하는 일이 옳은지, 어떤 부분을 개선해야 하는지, 더 발전하기 위해 무엇을 해야 하는지 어떻게 알 수 있을까?"라는 질문에 명확히 답하지 못한다면 당신과 당신의 구성원들은 올 연말에 서로 당황하거나 분노하거나 배신감을 느낄 수도 있다. 그래서 피드백은 바람직한 미래를 밝혀주는 등대라 할 수 있다.

거울 없는 일상, 등대 없는 항해는 생각만 해도 답답하지 않겠는가? 그러니 잠시 시간을 내어 부하 직원이나 상사에게 "내가 좀 더 노력했으면 하는 것이 있다면 한 가지만 말해 주시겠습니까?"라고 물어보라. 물론 처음에는 어색할 것이다. 하지만 상대의 제안은 당신의 미래를 지금보다 나은 모습으로 안내할 것이다.

한 분야에 탁월한 역량을 나타내는 사람들을 보면 그들의 타고

난 재능을 먼저 떠올린다. 그러나 자세히 살펴보면 그들은 최고가 되기까지 평생 동안 지속적인 훈련과정 속에서 관찰과 피드백을 통해 최고의 위치에 올랐다는 공통점을 가지고 있다. 마이클 잭슨에게는 '세스릭스', 타이거 우즈에게는 '부치 하먼', 줄리아 로버츠에게는 '스티븐 소더버그'가 거울이자 등대였다.

심리학자인 맥클랜드는 성취 욕구가 강한 사람일수록 피드백을 잘 수용한다는 연구 결과를 발표했다. 성공한 사람들은 공통적으로 혹독한 피드백을 통해 자신을 개발하고 단련시켰다. 당신은 최근에 누군가로부터 진심어린 피드백을 받아본 적이 있는가? 누군가에게 피드백을 해준 적이 있는가?

매일 거울을 보는 것처럼 목표를 가진 개인이나 조직은 피드백을 일상이자 문화로 만들어야 한다. 당신과 조직이 목표를 향해 제대로 갈 수 있도록 길잡이가 되어주는 등대는 무엇인가? 누가 알려준단 말인가?

이 책에서는 다양한 분야를 통해 피드백의 효과에 대해 살펴보고 있다. 필자가 제시하려는 피드백은 단순히 커뮤니케이션의 한 부분이나 직원들의 활동에 대한 보상과 동기 유발의 의미만을 가지는 것이 아니다. 우리는 피드백을 조직의 방향성과 목표 달성까지 아우르는 포괄적인 개념으로 바라봐야 한다.

성과만 잘 내면 유능한 리더로 인정받던 시절이 있었다. 지금은 성과와 더불어 평범한 구성원을 인재로 만드는 리더십 역량이 중요한 평가 요소가 되었다. 그만큼 리더들의 어깨가 무거워졌다. 오늘날 리더들에게 업무 역량은 기본이고 인재 육성은 필수다. 모쪼록 이러한 부담을 가진 일선의 리더들에게 이 책이 방향과 방법을 알려주는 나침반이 되어 해결의 실마리를 제공할 수 있기를 바란다.

이 책에서 소개하는 연구 성과나 아이디어들은 이미 검증되고 입증된 방법들이다. 한 장 한 장 천천히 읽어가며 개인과 조직에 적용할 방안이 있는지 생각해 보라. 그리고 필요하다고 판단되면 경영진에 적극적으로 알려라. 선진화된 피드백 시스템이 장착된다면 리더든, 구성원이든 지금보다 한 단계 성장한 모습이 될 것이다.

　　"피드백이 없으면 직원들은 무능해지고 리더는 독재자가 된다."

대표저자 김상범

일상은 피드백의 연속이다

인생은 선택의 연속이라는 말이 있다. 그만큼 인생은 매순간 선택이라는 필연적인 과정을 거친다는 의미일 것이다. 그런데 좋은 선택이든, 나쁜 선택이든 우리는 어쩌면 선택이 있기에 존재하는 지도 모른다. 좋은 선택, 나쁜 선택은 있어도 선택 없는 삶은 없기 때문이다.

인생 또한 피드백의 연속이다. 우리는 가정이라는 가장 작은 단위인 1차 사회에서부터 직장 등 2차 사회에 이르기까지 끊임없이 다른 사람들과 교류하며 영향을 주고받는다. 그 과정에서 필연적으로 피드백을 주고받는다. 피드백이 없다면 상호간에 교류나 영향이 없다는 것이고, 그런 사람은 사회에서 존재감이 없는 사람이라고 봐도 무방하다.

선택과 마찬가지로 피드백에도 좋은 피드백과 나쁜 피드백이 있다. 좋은 피드백은 사람과 조직을 살리고, 성장과 발전을 불러오지만, 나쁜 피드백은 반발을 불러일으키고 퇴행과 좋지 않은 결과를 불러온다. 당신은 어떤 피드백을 하겠는가? 그 답을 알고 싶다면 이 책이 도움을 줄 것이다.

이 책은 최근 새로운 이슈로 등장하고 있는 피드백에 대해 본격적으로 다룬 책이다. 저자가 그동안 쌓아온 교육과 코칭 분야의 명성에서 한걸음 더 나아가 리더라면 반드시 지녀야 할 피드백이라는 소양을 수면 위로 끌어올려 현 상황을 진단하고, 그에 대한 해법과 방법론을 다루었다.

과거의 리더십은 상명하달 방식, 즉 명령과 복종, 보고와 지시라는 톱다운 방식이 주된 것이었다. 그렇다 보니 일방적인 조직문화는 조직의 유연성을 잃게 하고, 빨리빨리에 매몰되어 자기성찰의 여유를 잃은 채 창의성을 외면하는 결과를 초래했다. 그 종착역에 서서 지금 우리는 갈팡질팡하고 있다.

그렇다면 그 해법은 무엇일까? 이 책이 던지는 화두인 피드백의 실천이 하나의 답이 될 수 있다. 조직문화를 좀 더 탄력 있고, 여유롭게 만드는 데 피드백은 아주 탁월한 해법을 제시한다.

그뿐만이 아니다. 피드백은 개인의 성장에도 크게 기여한다. 나의 최대 적은 나 자신이라는 말이 있다. 당신은 정작 자신을 가장 모르는 사람일 수도 있다. 피드백은 그런 나를 깨우는 알람 시계이며, 성장과 발전의 출발점이 된다.

이 책은 우리가 미처 몰랐던 피드백의 방법을 아주 상세히 알려주는 지도와 같다. 이 지도책으로 피드백이라는 소중한 보물을 찾길 바란다.

- (주)인젠트 스마트비즈본부장 이태헌 박사

1장

평가와 피드백

평가와 피드백

"01"

모두가 피드백 대상이다

피드백은 부하 직원에게만 필요한 것이 아니다. 상사 또한 부하 직원에게 적극적으로 구해야 한다. 그런 의미에서 말단 직원에서 CEO에 이르기까지 모두가 피드백 대상이다. 많은 리더들이 직원들에게 피드백을 해야 한다는 사실을 알고 있는 반면에 자신 또한 피드백을 받기 위해 적극적으로 노력해야 한다는 사실을 인식하지 못한다.

대부분의 직원들은 연말이 돼서야 처음으로 받은 평가 결과에 대해서 놀라고 당황스러워 한다. 이러한 문제는 대부분의 리더들이 피드백을 주고받는데 익숙하지 못하기 때문에 발생한다. 그래서 직원들에게 시기적절하고, 건설적이고, 행동에 반영할 수 있는 피드백을 주지 못한다. 리더들 또한 더 높은 위치에 오를수록 자신에게 객관적인 피드백을 해 줄 부하 직원이나 코치가 없기는 마찬가지다.

많은 리더들이 직원들의 역량 개발이 성과 향상에 중요한 요소라는 점을 믿어 의심치 않는다. 이와 관련해 가장 효과적인 방법은 다름 아닌 피드백이다. 그러나 현실에서 이 과제를 잘 수행하는 기업은 많지 않다. 그 이유를 살펴보면 다음과 같다.

먼저 피드백을 평가 면담과 혼동하는 경우가 많다. 많은 리더들은 연말 평가 면담과정을 직원 피드백의 기회로 활용한다. 그나마도 연말 평가 과정에 너무 많은 대상자가 몰려, 이를 연기하거나 취소하는 일이 잦다.

효과적인 피드백과 평가는 성장과 성과 창출에 꼭 필요한 요소이다. 또한 이 주제는 리더십 프로그램, 경영교육 프로그램, 코칭교육 등에서 깊이 있게 논의되고 있다. 여기에는 그만한 이유가 있다. 기업의 성공은 능력 있는 사람이 조직의 목표를 달성할 수 있도록 관리하는 일 외에도 인재를 채용하고, 육성하는 일에 달려 있기 때문이다. 이를 달성하려면 직원의 성장과 평가를 위한 효과적인 시스템을 도입할 필요가 있다.

대부분의 기업들은 직원들에 대한 평가의 중요성을 이해하고 평가 시스템을 구축해 놓았다. 하지만 직원들이 자기 계발에 힘쓸 수 있도록 건설적인 피드백을 강조하는 기업은 그리 많지 않다.

리더와 직원들 간에 목표를 정하고 이를 달성하기 위한 전략에 대한 상호 기대를 명확하게 커뮤니케이션했다고 하자. 그 다음에는 기대에 집중하기 위해 시간을 배분하고 직원들도 그렇게 하도록 격려한다. 이런 활동에 왜 피드백이 필요할까? 피드백은 직원들의 실행력을 높이는 가장 강력한 도구이기 때문이다. 피드백은 핵심과 우선사항을 강조하고 조직의 목표 달성을 위한 공감대를 형성한다.

한편 피드백이란 대상자의 구체적인 강점과 약점을 각각 두세 개 정도 파악한 후 대상자가 약점을 극복하고 강점을 강화하기 위해 어떤 활동과 행동을 해야 하는지 알려주는 과정이다. 약점은 구체적이면서도 행동과 밀접한 연관이 있는 것이어야 한다. 애매모호해서는 효과를 기대하기 어렵다. 나아가 실행계획은 반드시 행동으로 옮길 수 있어야 한다. 또한 대상자의 성격보다는 스킬에 초점을 맞춰야 한다.

효과적인 피드백을 위해 대상자에 대한 충분한 정보를 얻으려면 직접 관찰하거나 주변 동료들과 깊이 있는 대화를 나누어야 한다.

연말 평가와
피드백을 구분하라

피드백은 연말 평가에 앞서 이루어져야 한다. 대상자가 피드백 받은 내용을 행동으로 옮기고 개선하기 위해 노력할 수 있도록 충분히 시간을 두고 진행되어야 한다. 그래야 연말 성과 평가에 상호 신뢰도를 높일 수 있다.

기업들이 피드백의 중요성에 대해 강조함에도 불구하고, 왜 리더들이 시간을 할애해 직원들을 효과적으로 피드백 하지 않을까? 직원들에 대한 설문조사 결과, 상사의 피드백 횟수와 질이 왜 상대적으로 낮게 나타나는 것일까?

첫 번째 이유는 대다수의 기업들이 연말 평가와 피드백을 구분하지 않는 데 있다.

많은 기업들이 다양한 버전의 다면평가 제도를 채택하고 있다. 그 결과 직원들은 부하 직원, 동료 직원, 상사, 고객 등 다양한 방향에서 피드백을 받는다. 그런데 대부분은 연말 평가나 개인 평가를 목적으로 한다.

많은 리더들이 연말 평가를 직원 피드백의 최적의 시기라고 오해한다. 이때 평가자는 데이터를 수집하는 등 철저한 사전 준비 기간을 거치지 못한 채, 수많은 대상자의 평가서를 한꺼번에 작성하느라 많은 시간을 소비한다. 그러다 보니 개별 피드백에 대한 별도의 시간을 할애하기 힘든 경우가 대부분이다. 그래서 연말 평가와 함께 피드백을 동시에 준다.

이는 잘못된 관행이다. 이런 식의 평가는 대상자에게는 일종의 '판결'과 같다. 그리고 연말은 직원들에게 포상, 평점, 승진 등을 위해 행동 변화를 요청하기에는 이미 너무 늦은 시기이다. 상사들도 이런 사실을 알기 때문에 피드백을 통해 현재 상황을 개선할 계획을 세우고 싶은 마음이 들지 않는다. 오히려 긴장하며 방어적인 자세를 취하게 마련이다. 직원들은 마치 판사의 판단을 듣는 피고인의 모습과 흡사하다. 그런 상황에서 건설적인 비판이나 제안을 하기에는 너무 늦지 않은가?

더욱이 연말 평가서에서 받은 내용이 충격적이라면 직원들은 당황하거나, 분노하거나, 평가자에게 배신감을 느낀다. 필자의 경험상 기습적인 연말 평가서를 받은 사람은 상황을 매우 심각하게 받아들인다. 이쯤 되면 효과적인 조직을 만들기 위해 꼭 필요한 신뢰와 커뮤니케이션은 돌이킬 수 없을 정도로 훼손된다. 다시 말해 갑작스러운 피드백을 받은 대상자는 조직에 대한 신뢰와 의욕을 잃고 이직을 생각할 것이다. 결국 회사를 갑자기 그만두는 경우도 생길 수 있다.

리더들에게 코칭 시 필자가 항상 하는 말이 있다. 연말 업무 평가 시에 직원들을 "깜작 놀라게 하지 말라"는 것이다. 다시 말해 연말 업무 평가 시에 직원에게 처음으로 피드백을 하는 것은 바람직하지 않다. 설사 건설적인 피드백이라 해도 마찬가지다.

이 규칙을 염두에 두면 평소 직원들을 관찰해 적극적으로 피드백 하는 데 도움이 될 것이다. 그러면 직원들은 공정성에 믿음을 갖게 된다. 부정적인 피드백을 받더라도 그것이 자신의 성장을 위한 것이라는 사실을 알고 자신감을 잃지 않을 것이다.

필자는 영업 담당 임원이 6개월마다 정기적으로 팀의 매출 실적을 평가하여 하위 30%의 팀장을 교체하는 기업을 본 적이 있다. 임원과 팀장 간에 상호 기대는 물론 피드백, 코칭은 생각도 할 수 없었고, 팀장과 팀원들은 6개월마다 '판결'을 기다려야 했다. 교체 당한 팀장들은 자신이 무엇을 개선하고 노력해야 하는지 알지 못했다. 교체된 팀장들 또한 실적 개선을 위해 무엇이 필요한지 알지 못했다. 모두가 상황의 희생자였다.

리더가 피드백을 효과적으로 하지 못하는 두 번째 이유는 피드백에는 많은 준비가 필요하기 때문이다. 젊은 새내기 리더를 위한 가장 중요한 리더십 교훈 중 한 가지는 부하 직원에게 피드백을 하려면 상당한 시간 동안 준비해야 한다는 것이다.

리더들에게서 "피드백 할 시간이 없다"는 말을 자주 듣는다. 하지만 정말로 시간이 없는 것일까? 리더의 가장 중요한 역할 중 하나가 인재를 모으고, 유지하고, 계발하는 것 아닌가? 그렇다면 이러한 우선사항에 집중할 수 있도록 시간을 낼 필요가 있다. 피드백보다 덜 중요한 일에서 손을 떼고 시간을 확보하라. 직속 직원들을 모두 코칭할 수 없다면 이는 직속 부하 직원의 수가 너무 많다는 뜻이다.

꼭 기억하라! 피드백은 리더가 해야 할 핵심 업무에 속한다. 그런데 현실에서는 수많은 조직의 리더가 피드백을 제대로 하지 못해서 인재를 잃고 있다.

앞서 언급했던 바와 같이, 피드백을 하려면 대상도 관찰해야 하고 대상에 대한 정보를 얻기 위해 동료들과 이야기도 나누어야 한다. 리더는 반드시 시간 내에 이 업무를 해야 한다. 그리고 자신이 내린 결론을 부하 직원에게 알려야 한다. 이를 토대로 보상 기준과 승진 여부가 결정되기 때문이다. 따라서 직원들은 상사의 피드백이 필요하고 요구할 자격이 있다. 또한 리더는 다양한 업무를 위임할 수 있지만, 코칭은 리더가 다른 누군가에게 위임할 수 있는 대상이 아니다. 반드시 피드백을 위한 시간을 확보하라!

“03”

두려움을 극복하라

피드백을 하다 보면 부하 직원의 반발 등으로 인해 서로 불편한 상황에 놓이는 경우가 있다. 리더들은 관찰과 자료 수집을 통해서 부하 직원의 약점이 명확히 보임에도 불구하고 대상자에게 개선을 권하지 못한다. 그러다가 대상자에게 승진이 불가능하다는 소식이나 해고 통지 등을 전할 때 비로소, 그러한 결정에 영향을 미친 대상자의 약점을 들추어낸다. 그러면 대상자는 분노를 느끼고 상사를 더 이상 존경하거나 신뢰하지 않게 된다.

건설적인 피드백을 주면 부하 직원이 당신을 싫어 할까봐 두려운가? 당신을 좋아하는 부하 직원에게 갑자기 나쁜 소식을 전하면 그들이 당신을 경멸할 것 같은가? 피드백을 듣고 직원이 의기

소침해질까 두려운가? 무엇 때문에 피드백을 주저하는가?

필자는 제대로 된 피드백을 받지 못해 회사를 떠나는 직원들을 종종 본다. 건설적인 방식으로 이루어지는 피드백이 없기 때문에 이직을 결정하는 것이다. 연구 결과에 따르면 상사가 공정한 피드백을 주지 않는다는 이유로 상사에 대한 신뢰를 잃는 직원들도 적지 않다.

이들은 대부분 어디로 갈까? 무엇인가를 배울 수 있고 건설적인 피드백을 받을 수 있는 새 직장을 찾아 떠난다. 그들은 쉬운 직장이나 대립이 전혀 없는 직장을 찾는 것이 아니다. 오히려 문제를 피하려 하기 보다는 직설적이면서도 도전적인 자세로 문제를 대하려는 리더를 선호한다. 이런 리더는 구성원들이 현실을 직시하도록 도와줌으로써 구성원들의 신뢰와 존경을 한 몸에 받는다.

최근 기업에서 보이는 가장 큰 변화 가운데 하나는 밀레니얼 세대Millennial Generation, Millennials의 등장이다. 밀레니얼은 1980년~1994년에 태어나 X세대의 뒤를 잇는 세대이다. 이들은 경제와 사회, 문화뿐 아니라 기업 경영에도 상당한 영향을 미치고 있다. 갤럽의 조사에 따르면, 2017년을 기준으로 전 세계 업무 인력의 38%가 밀레니얼로 최대 그룹을 형성했다고 한다. 기성세대가 밀레니얼을 이해하기란 쉽지 않다. 그들에게 당연했던 가치가 밀레니얼에게는 전혀 당연하지 않기 때문이다.

밀레니얼 직장인들은 수평적 커뮤니케이션과 재미를 추구한다. 일방적인 지시를 받아들이기 힘들어 하고, 형식적인 평가와 부족한 피드백, 복잡한 의사결정 과정, 일의 결과에 대한 무반응을 이해하지 못한다. 아이디어가 오고가는 쌍방향 커뮤니케이션, 분명하고 빠른 피드백이 이들의 몰입도를 올릴 수 있다.

밀레니얼을 대표하는 또 한가지 특징은 '솔직함'이다. 솔직함은 전통적으로 신세대를 상징하는 가장 보편적인 표현 중 하나였다. 하지만 90년대생들에게 솔직함이란 기존 세대의 솔직함과는 그 범위가 다르다. 그들에게 솔직함이란 자신의 솔직함뿐 아니라 남들의 솔직함도 포함한다는 것이 그 특징이다. 이는 상사와 부하와의 관계뿐 아니라 본인들을 고용한 기업이라든가 소비재를 파는 기업들에서 솔직함이 보이지 않는다면 인정하지 못한다는 이야기다.

필자는 기업 면접관으로 오랫동안 활동했다. 입사지원자들이 기업체에 갖는 가장 큰 불만 중 하나는 지원한 회사로부터 제대로 된 피드백이 없다는 것이었다. 구직자들은 보통 면접에서 탈락한 이유를 알고 싶어 한다. 하지만 실제 피드백을 받는 경우는 10명 중 1명에 불과한 것으로 나타났다. 구인구직 플랫폼 기업 '사람인'이 2018년 면접에서 탈락한 경험이 있는 구직자 379명을 대상으로 '면접 탈락 사유 피드백 희망 여부'에 대해 조사한 결과, 83.1%가 "희망한다"고 답했다. 그 이유로는 '다음 면접을 위한 전략을 짜기 위해서(62.9%: 복수 응답)'가 1위를 차지했다. 이어 '부족한 점을 보완하기 위해서(56.8%)', '이유를 알면 탈락을 납득할 수 있을 거 같아서(44.1%)', '지원자의 알 권리라고 생각해서(34.3%)' 등이 있었다. 그러나 실제 탈락 사유에 대해 피드백을 받은 응답자는 13.5%에 그쳤다.

이와 관련하여 롯데그룹은 면접 불합격자들을 대상으로 전형별 평가 결과 피드백 프로그램을 진행하고 있다. 역량 면접, PT 면접, 토론 면접, 임원 면접 등 지원자의 면접 전형별 접수 수준을 도식화해 이메일로 피드백을 보낸다. 지원자가 자신의 강점과 약점을 분석할 수 있도록 도와주는 것이다. 관계자는 "이 같은 시스템은 2014년 하반기 신입 사원 공채 과정에서 국내 기업 최초로 도입해 운영하고 있으며, 자신의 미진한 부분을 알고 그 부분을 중심으로 보강할 수 있어 지원자들로부터 호평을 받고 있다"고 말했다.

이와 같은 롯데그룹의 인사 시스템은 취업 준비생들 사이에서 좋은 평가를 얻고 있다. 실제로 2017년 하반기 공채에서 롯데그룹의 한 계열사를 지원했다가 면접 단계에서 탈락한 김모 씨는 "다른 기업과 달리, 내가 어디가 부족해서 이 기업에 합격하지 못했는지를 알 수 있어서 좋았다"고 말했다. 이러한 피드백을 통해 이 회사는 구직자들의 발전을 돕고, 이와 더불어 해당 기업의 이미지를 개선하는 데 도움이 되었다. 이처럼 개인뿐 아니라 기업도 불편할 수 있지만 솔직하게 이해 관계자들에게 현실을 직시

하도록 도와줌으로써 구성원들의 신뢰와 존경을 한 몸에 받을
수 있다.

부하 직원들에게
피드백 구하기

　고위직에 오른 상사들은 부하 직원들과 접촉할 시간이 거의 없다. 이 때문에 부하 직원들로부터 피드백을 받기가 어렵다. 하지만 부하 직원들로부터 완전히 고립되어 있지 않다면 정기적으로 만날 기회가 있을 것이다. 부하 직원이 다양할수록 당신이 좀 더 노력해야 할 부분에 대해 속속들이 알 수 있을 것이고, 강점에 대한 의견도 들을 수 있을 것이다.

　이러한 피드백을 자신에 대한 불만이나 평가로 여겨 위협을 느끼는 리더들도 있다. 하지만 그들을 위협적인 존재가 아닌 정보 제공자로 생각하라. 그들은 잠재적으로 귀중한 피드백을 가지고 있는데, 그런 피드백을 들으려면 적극적으로 움직여야 한다. 그렇지 않으면 연말 평가의 일환으로 다면평가를 할 때야 비로소 듣게 된다. 이는 너무 늦다. 해고에 대한 두려움이 없는 직원이 아니라면 상사에게 기꺼이 피드백을 할 수 있는 사람은 없다. 그러므로 부하 직원의 피드백을 구하는 것은 쉽지 않다.

리더들을 대상으로 한 한 연구에 따르면, 리더가 상사 혹은 자신의 부하 직원에게 적극적으로 피드백을 구하는 리더일수록 전반적인 리더십 효과성 점수가 높게 나타났다. 가장 자주 피드백을 요구하는 상위 10%의 리더는 100점 만점에 86점의 리더십 효과성 점수를 받은 반면, 피드백을 가장 꺼리는 하위 10%의 리더는 고작 15점밖에 받지 못했다. 연구 결과를 통해서 부하 직원에게 피드백을 구하는 것이 리더의 발전에 도움이 될 수 있음을 알 수 있다.

리더가 피드백을 구하는 상황을 '권위를 상실했다'라고 판단하는 경우가 종종 있다. 그러면 자존심 때문에 피드백을 구하지 않는 경우가 반복된다. 이러한 상태가 되면 해당 리더는 구성원들로부터 신뢰를 얻기 힘들다. 리더가 구하는 피드백은 그 자체로도 의미가 있지만 구성원들과 함께 소통한다는 관점에서 구성원들의 동기를 유발하는 효과적인 방법이기도 하다.

부하 직원에게 "내가 개선하거나 더 노력해야 할 부분이 있으면 솔직하게 말해주세요"라고 피드백을 구하면, 대부분 처음에는

"없습니다"라고 대답한다. 괜찮으니까 솔직히 말해달라고 계속해서 요청하면 직원들은 마지못해 이야기를 꺼낸다. 어색한 침묵이 흐르고 잠시 후 직원이 무슨 말을 꺼내려다가 멈칫할 때 "편하게 말해주세요"라고 계속 압박하면 평소에 생각은 했지만 조심스러워서 하지 못했던 말들을 하기 시작한다. 주로 기본적인 사항에 대한 주관적인 비평이기 때문에 듣는 상사에게는 충격적일 수도 있다. 그 피드백이 옳은 내용이라는 사실을 자신도 알기에, 그리고 조직 내의 다른 사람들도 같은 생각을 하리란 것을 알기에 더욱 충격적일 것이다.

이 과정에서는 평정심을 유지하기 위해 노력하고 피드백을 준 직원에게 진심으로 감사를 표해야 한다. 중간에 말을 끊고 변명 등을 한다면, 가까운 장래에 다시는 피드백을 들을 수 없을지도 모른다. 인내심을 가지고 끝까지 피드백을 들은 후에는 용기 내서 진실을 말해준 직원에게 감사를 표하고, 피드백 받은 점을 개선하려는 노력을 직원들에게 보여줘라. 그리고 시간이 지나고 약점이 개선되었는지에 대한 피드백도 듣고 싶다고 이야기하라. 직원들은 자신이 회사에 직접적인 영향을 미친다는 사실을 몸소 체험하면서 동기부여가 될 것이다. 그리고 이런 이야기는 대부분 입소문을 타고 회사 내에 빠르게 퍼진다. 그러면 머지않아 다른 직원들도 당신의 행동에서 개선이 필요한 부분을 발견하면 기꺼이 피드백을 해줄 것이다.

지금 말한 것은 피드백을 구하는 '척하거나' 인기를 얻기 위한 일이 아니다. 건강한 조직을 위한 조기경보 체계가 되기 때문에 하는 것이다.

아울러 전문가로서 이렇게 조언해주고 싶다. '일대일로 만나 정기적으로 피드백을 구하라.' 그리고 당신이 진심으로 피드백을 원한다는 것을 확실히 보여 주어야 한다. 가볍고 좋은 이야기만 하기보다는 문제를 지적하는 것이 개인의 경력 향상에 도움이 된다는 사실도 알려주는 것이 좋다. 건설적인 평가에 진심으로 귀 기울이고 자아 발전을 위한 노력과 배움을 계속하겠다는 열정을 보이면 직원과 동료들은 기꺼이 당신을 도우려 할 것이다.

이러한 문화가 자리 잡으면, 구성원들은 당신이 자신의 약점 때문에 회사를 망치기 전에 문제를 파악할 수 있도록 해줄 것이다. 또한 당신은 환경 변화에 적응하고 회사의 취약한 부분을 파악하는 데에도 도움을 얻을 수 있으며, 나아가 최고의 자리에서 느끼는 외로움을 덜 수 있을 것이다. 물론 이런 접근을 위해서는 건설적인 피드백을 경청하고, 배우고, 적용하려는 마음가짐이 필요하다.

스스로를 믿어라. 그리고 당신이 먼저 행동하라. 그러면 구성원 모두가 행복할 것이다.

피드백의 무한한 가치

피드백은 삶의 모든 면에서 점점 더 중요해지고 있다. 피드백은 사람들이 최소한의 비용으로 최대한의 수행을 이끌어내고자 할 때 사용 가능한 가장 효과적인 방법이다.

피드백feedback이란 어떤 행위의 결과가 최초의 목적에 부합하는지를 확인하고, 만일 그렇지 않다면 어느 부분에서 목적에 부합하지 않는지, 그리고 어떻게 하면 그 목적에 부합할 수 있을지에 대한 정보를 제공하는 것이다.

시로타 컨설팅Sirota Consulting LLC 그룹의 설립자인 데이비드 시로타David Sirota와 루이스 미쉬킨드Louis A. Mischkind, 마이클 멜처Michael I. Meltzer가 공동으로 조사한 자료에 따르면, 자신의 업무 이해도와 관련해 충분한 피드백을 받고 있다고 대답한 근로자는 53%에 불과했다. 또한 51%만이 자신이 인정받는 것에 만족하고 있다고 답했다. 흥미로운 것은 근로자들의 38%가 '좋은 성과를 낼 때 칭찬받는 속도보다 나쁜 성과를 낼 때 비난받는 속도가 더 빠르다'는 것에 동의했다는 점이다.

제인 웨스트버그Jane Westberg와 핼리어드 제이슨Hilliard Jason은 자신들의 저서 『반성적 사고와 피드백 : 성찰하는 의료인을 위한 교육』을 통해 의대 교수들의 교수법과 피드백의 문제점에 대해 다음과 같이 날카롭게 지적하고 있다.

의과대학의 교육 방식에 있어 피드백은 학습과정의 핵심임에도 불구하고 의료전문가를 양성하는 많은 학교에서 학생들은 충분한 피드백을 받지 못하고 있는 실정이다(교수진의 79%가 임상실습 과정 동안 학생들에게 피드백을 포함하여 평가한다고 했으나, 학생들은 46%만 그렇다고 응답했다).

이처럼 다양한 분야에서 많은 리더들과 구성원들이 피드백을 주고받는 문제로 곤란을 겪고 있는 것은 참으로 안타까운 일이다. 피드백이란 흔히 '반응', '의견', '감상' 등으로 해석되며, 정보 information와 자료data라는 용어를 피드백의 의미로 사용하기도 한다. 그러나 제공되는 정보나 자료가 변화시키고자 하는 행동이 무엇인지 구체적으로 알려 주지 않는다면 그것은 피드백이라 할 수 없다.

조직은 많은 정보와 자료를 사람들에게 제공하지만 적절한 피드백이 아닌 경우가 많다. 예를 들면, 어떤 사람에게 "당신의 혈당치는 200이군요"라며 정보를 제공할 경우, 상대는 "그게 뭔가요? 좋은 건가요"라고 반응할 수 있다. 이때 "썩 좋은 것은 아니지요"라고 짤막한 답변으로 대화를 마무리한다면, 적절한 피드백을 제공했다고 할 수 없다.

피드백은 적어도 다음 사항을 포함하고 있어야 한다.

- 목표에 비해 상대적으로 어디쯤 와 있는지 알려 주어야 한다.
- 향상이나 개선을 위해 무엇을 해야 할지 알려 주어야 한다.

피드백은 우리 생활 속의 자연스러운 한 부분이다. 너무나 자연스럽기 때문에 잘 느끼지 못할 정도다. 그러나 피드백이 없으면 걷기, 말하기, 쓰기, 자전거 타기, 운전하기, 컴퓨터 사용하기와 같은 일들을 할 수가 없다. 즉, 피드백은 학습하는 데 있어서 필수적인 요소인 것이다.

또한 피드백의 부재 내지 부족은 수행 부진 혹은 동기부여 저하의 주요 원인이 된다. 그러나 피드백을 충분히 제공하는 조직은 극소수에 불과하다. 피드백이라 여겨지는 것들 중 많은 것들은 단지 정보에 지나지 않는다. 피드백은 이처럼 단순한 정보가 아니기에 각기 다른 직무에 따라 피드백의 성격도 달라질 수밖에 없다. 기준 혈당치는 당뇨 환자에게 중요한 피드백 자료가 될 수 있지만, 정상적인 사람에게는 한낱 사소한 정보에 불과하다. 요컨대, 어떠한 정보나 자료가 피드백의 조건을 충족시키려면 그것이 목적에 부합하는 행동 변화의 지침을 포함하고 있어야 한다.

고객들의 피드백을 잘 활용해 성공한 대표적인 사례로 에어비앤비와 아마존을 들 수 있다. 잘 관리된 리뷰 시스템은 구매자, 판매자 모두에게 가치를 창출한다. 리뷰는 구매자에게 상대적으로 덜 알려진 상품을 구매하는 데 필요한 확신을 제공한다. 마이클 루카Michael Luca의 연구에 따르면, 미국의 맛집 검색 어플 옐프Yelp 에서 평점이 높은 레스토랑은 높은 매출로 이어졌다. 이런 효과는 평판이 상대적으로 잘 알려지지 않은 개인 비즈니스에서 더욱 두드러지게 나타난다.

리뷰는 판매자에게 가치 있는 정보를 제공하는 피드백 고리를 제공한다. 예를 들어 평점 시스템을 통해 우버는 고객평이 좋지 않은 운전사를 해당 서비스에서 제외할 수 있으며, 소비재 생산자들에게 제품을 향상시킬 수 있는 제대로 된 가이드를 제공할 수도 있다.

수년 간 조직의 피드백 시스템을 설계했던 길버트Gillbert, T. F는 산업, 기업, 학교 장면에서 관련자들이 피드백 제공을 통해 보통

50%의 변화, 심지어 여섯 배의 향상을 가져왔다고 말했다. 이처럼 중요한 결과에도 불구하고, 조직의 관리자들은 직원들의 수행 부진 원인이 종종 피드백의 부재나 부족에 있다는 점을 간과한다. 조직 내에서 어떤 사람이 충분히 동기부여 되지 않고, 게으르고, 훈련 부족인 경우, 대부분 그 원인은 피드백의 부재 혹은 부족에 있다.

현재 피드백은 스포츠, 예능, 학교 현장에서 널리 사용되고 있다. 반 호텐Van Houten은 학문적 수행과 관련한 피드백의 효과를 증명하고 설명하였다. 그는 피드백을 정확히 사용한 결과, 손 글씨, 수학, 철자, 어휘, 읽기, 경청과 같은 능력이 상당히 향상될 수 있음을 발견했다. 이러한 연구 결과는 국내 논문들에서도 쉽게 찾아볼 수 있다.

주디Judi komaki와 바넷F. Barnett은 소년 미식축구 리그라는 독특한 상황에서 피드백 효과를 연구하였다. 그들은 경기 수행력을 향상시키기 위해 팀 구성원 개개인의 구체적이고 바람직한 행동들을 분석하고, 그 피드백을 선수들에게 제공했다. 이 실험에 참여한 소년들은 센터와 쿼터백, 풀백과 좌우 하프백의 후위 공격 위치에 있던 9세와 10세로 구성된 소년들로 총 다섯 명이었다. 소년들은 스스로 수행한 각기 다른 세 경기 내용을 주의 깊게 분석했다. 각 플레이에 필요한 모든 행동들을 상세하게 기록했는데, 세 경기 중 한 경기에서 구체적으로 정의된 행동이 제시되었다.

피드백은 다음과 같은 방법으로 전달하였다. 연습 경기 동안 각각 선택된 플레이를 펼친 후에 선수들은 코치에게 달려가 즉시 체크리스트를 확인했다. 선수들은 무엇을 훌륭하게 수행했는지, 어떤 실수를 했는지 한눈에 알 수 있었다. 코치는 선수들의 수행과 관련하여 잘된 것은 칭찬하고, 잘못된 점은 어떻게 수정해야 하는지 구체적으로 피드백을 제공했다.

경기 종료 후에 실수를 저지른 선수들을 질책하는 것이 전부였던 코치가 체크리스트를 확인하고, 선수들에게 피드백을 제공한 이후의 결과는 어땠을까? 변화된 수준은 가히 놀라웠다. 세 경기 각각에서 보여준 수행 수준은 이전보다 10배나 더 좋아졌다. 이전에는 84개 플레이를 시도한 것 중 2개만이 완벽한 수행이었던 것에 비해, 피드백을 제공한 후에는 시도한 89개의 플레이 중 22개를 완벽하게 수행했다.

쿼터백 선수들의 향상은 특히 주목할 만했다. 그들의 이전 플레이는 23개 중 약 5개만 올바른 결정을 내렸던 반면, 피드백을 제공받은 후로는 40개의 플레이 중 26개를 정확하게 수행했다.

의학에서 응용되는 피드백은 '바이오피드백biofeedback : 생리적 기능에 대한 실시간 자료가 환자에게 제공되는 과정'이라고 부른다. 바이오피드백에서 전형적으로 측정되는 요인은 심박수, 혈압, 피부 온도와 근육 긴장도 등이다. 환자들은 이전에는 약 없이는 통제가 불가능하다고 여겨졌던 것들에 대한 여러 가지 기능을 배운다. 그렇게 되면 바이오피드백을 통해 환자들 스스로 자신을 관찰함과 동시에 자기 통제가 가능해진다.

그럼에도 불구하고 많은 사람들이 여전히 피드백을 사용하지 않고 있다. 그 이유는 과거의 경험에서 큰 효과를 보지 못했기 때문이다. 실패 원인으로는 두 가지를 생각해 볼 수 있다. 하나는 단순한 정보나 자료를 피드백과 구분하지 못했기 때문이다. 다른 하나는 피드백이 최대의 효과를 발휘할 수 있는 최적의 조건을 알지 못했기 때문이다.

발카자르Balcazar, F. E와 홉킨스Hopkins, B. L와 수아레즈Suarez. Y는 수행 피드백에 관한 연구의 포괄적인 고찰에서 다음과 같은 결론을 내렸다

- 피드백 하나만으로는 수행을 지속적으로 향상시키지 못한다.
- 피드백에 보상과 목표 설정 과정을 추가로 실시하면 효과의 일관성을 향상시킬 수 있다.
- 피드백의 일부 특성은 다른 특성보다 수행 향상과 더 일관성 있게 관련되어 있다.

그래프를 벽에 붙인다거나 어떤 변인에 대한 수행을 그래프화 한다고 해서 향상이 보장되지는 않는다. 피드백의 효과성은 수많

은 기준에 의해 결정된다. 그 기준을 감안해 피드백 시스템을 설계했을 때, 외부로 나타나는 수행의 향상은 경험 많은 관리자들조차도 놀랄 만한 것이었다.

2장

피드백의 힘

피드백의 힘

처방하기 전에 진단하라

운동선수나 코치들은 왜 비디오를 분석할까? 선수들의 경기 모습을 제3자의 입장에서 객관적으로 분석하기 위함일 것이다. 이는 의사가 환자에게 처방을 내리기 전에 현재의 상태를 신중하게 진단하는 것과 다르지 않다.

현재의 부족함을 보완하고 미래의 성과를 향상시키기 위해서는 반드시 자신이 어떤 상태인지를 알아야 한다. 당연한 이야기 같지만 그렇기 때문에 오히려 많은 사람들이 이에 대해 별로 의식하지 않는다. 문제는 여기서 비롯된다. 기업들은 성과 평가를 통해 직원들이 현재 무엇을 하고 있는지 알아내려고 한다. 그러나 많은 경우 이러한 시도는 의도한 결과를 얻지 못한다. 왜냐하면 잘못된 진단 및 평가 도구가 사용되거나, 실제로 수행이 이루어지고 나서 한참 뒤에 평가가 진행되기 때문이다. 물론 그밖에 다른 원인들도 있다.

그렇다면 가장 효과적으로 성과를 평가하는 방법은 무엇일까? 그것은 다름 아닌 지속적인 논의와 분석을 기반으로 한 시의적절한 피드백이다. 그러나 어떤 이유에서인지 기업의 경영자들은 이러한 시도를 단지 시간 낭비로 인식하는 경우가 많다. 그러다 보니 무슨 의식처럼 일 년에 한 번 정해진 기간에만 평가를 실시하는데, 이런 식으로는 아무것도 얻어낼 수 없다.

혹시 "같은 행동을 반복하면서 다른 결과를 기대하는 것은 바보들이나 하는 것이다"라는 말을 들어본 적 있는가? 이 말은 지금과 다른 결과를 얻고자 한다면 기존 방식대로 해서는 안 된다는 의미다. 그러려면 먼저, 지금이 어떤 상태인지 정확히 아는 것이 우선이다. 변화나 혁신과 관련된 책자들은 변화를 통해 성공으로 가는 노하우들로 가득 차 있지만 어디서부터 어떻게 변화를 시도해야 하는지는 친절하게 알려주지 않는다.

성과 개선을 위한 행동 변화의 출발점은 지금까지 자신이 어떤 행동 패턴을 보여 왔는지 정확하게 파악하는 것이다. 지금까지의 행동 패턴에 대해 제대로 모르는 상태에서 무엇을 어떻게 해야 할지를 어떻게 알 수 있겠는가? 사실 우리를 지켜보던 주변 사람들은 우리의 행동에 대해 정확하게 파악하고 있는 반면, 정작 우리

자신은 스스로에 대해 잘 모르는 경우가 많다. 객관적으로 자기 자신을 분석하고 평가하기가 그만큼 어렵기 때문이다.

또한 자신의 행동이 어떠한 결과를 낳는지 아는 것은 쉽지 않다. 우리는 스스로에 대해 일종의 선입견을 가지고 있다. 행동 변화의 추구 역시 이러한 선입견을 바탕으로 이루어진다. 하지만 우리 자신이 현재의 행동을 정확하고 객관적으로 파악하는 것은 행동 변화에 관한 올바른 판단을 내리는 데 반드시 필요한 일이다. 그리고 우리의 행동 패턴을 비교적 정확하고 객관적으로 평가해 줄 수 있는 사람은 우리 주변 사람들이다.

직업 능력의 행동 평가에 있어 '평판 조회'가 좋은 예라 할 수 있다. 평판 조회는 단순히 이력서 내용을 검증하는 수준이 아니라, 전 직장에서의 평판과 퇴직 사유, 리더십, 성품, 윤리성, 전문성 등 다양한 면에 대해 평가가 이루어진다. 이는 함께 일했던 사람들이 그의 주된 행동 방식과 업무 수행 능력 및 태도에 대해 총평하는 것을 살펴보는 것을 뜻한다.

다음 시합을 앞둔 운동선수가 가장 먼저 하는 일은 동영상에 녹화된 이전 시합 내용을 보고, 그로부터 자신의 장단점을 분석하는 것이다. 단거리 육상 선수는 자신의 스타트 동작과 팔다리 동작을 관찰한 후에야 기록을 경신하는 방법을 찾을 수 있고, 골프 선수는 자신의 스윙을 관찰한 후에야 승부를 위한 더 효과적인 방법을 모색할 수 있다. 운동선수가 이전 경기를 분석하는 이유는, 그

것이 객관적이고 직접적으로 자신의 행동을 관찰할 수 있는 방법이기 때문이다. 여기서 핵심은 단순히 이전 경기 장면을 보는 데 있지 않다. 객관적이고 직접적으로 자신의 행동을 관찰하는 데 있다.

당신과 가장 가까이서 일하는 사람에게 당신의 성과에 가장 큰 영향력을 미친 행동이 무엇이라고 생각하는지 물어보라. 물론 이렇게 하는 것이 당신이나 동료 모두에게 어려운 일이라는 것은 안다. 하지만 그래도 당신 자신보다는 동료가 당신의 행동을 정확하게 파악하고 있을 가능성이 크다. 우선 스스로 자신의 행동을 파악하는 것은 객관성이 떨어지는데다가 매일매일 업무에 쫓기다 보면 자신의 행동을 돌아볼 수 있는 여유조차 생기지 않기 때문이다.

성과를 개선하기 위해서는 자신의 현재 행동에 대해 정확하게 파악해야 한다. 당신에 대한 제3자의 평가는 당신이 알고 있던 것과는 전혀 다른 내용일 수도 있다.

'복기'라는 말을 아는가? 복기는 '두었던 바둑을 처음부터 다시 두는 것'을 뜻한다. 하지만 프로의 세계에서는 이렇게 한 수 한 수 다시 두는 일은 드물다고 한다. 두세 시간이 넘는 장고 바둑의 경우, 피를 말리는 대국이 끝나면 승자나 패자 모두 쓰러질 지경이 되기 때문에 복기를 하는 것 자체가 너무 큰 부담이 되기 때문이다.

다음은 유일하게 국수國手라고 칭해지는 최고의 바둑 기사이자 세계 최다승(1938승), 세계 최다 우승(160회) 기록 보유자인 이 시대 최고의 승부사 조훈현 씨가 자신의 저서인 『고수의 생각법』에 소개한 복기에 관한 일화다.

1950~1960년대 '면도날'이라는 별명으로 유명했던 사카타 에이오(坂田榮男) 9단은 어느 대국에서 아깝게 패한 적이 있었다. 그때 상대방이 사정이 있어 복기를 못하고 자리를 뜨자 그는 "자네가 기록을 했으니 함께 복기하세!"라고 말하며 애꿎은 기록원을 붙들고 밤새 패인을 분석했다고 한다.

1991년 동양증권배 결승에서 이창호를 만난 린하이펑(林海峰) 9단은 시종 우세한 경기를 펼치다 역전을 당하고 말았다. 하지만 그는 이미 도의 경지에 오른 고수였다. 눈앞에서 세계 챔피언을 놓쳤는데 억울한 표정 하나 없이 열일곱 먹은 소년을 붙들고 꽤 오랫동안 복기를 했다. 이날 이후로 이창호는 가장 존경하는 사람으로 린하이펑을 꼽았다.

고수들이 달리 고수겠는가. 조훈현 씨는 "승리한 대국의 복기는 이기는 습관을 만들어 주고 패배한 대국의 복기는 이기는 준비를 만들어 준다"며, 비록 쓰라려도 자신의 실패를 직시하라고 조언한다. 이것이 고수들의 피드백 방법이다. 무슨 말이 더 필요하겠는가.

지금보다 성장한 미래를 원한다면, 동료에게, 상사에게, 선후배에게 자신에 대한 평가와 피드백을 요청해 보라. 그리고 그것이

비록 익숙하지 않더라도 기꺼이 받아들여라. 마치 고수들이 스스로를 낮추고 복기를 통해 자신을 돌아보듯 말이다. 그것이 당신을 성숙한 리더로 성장시켜 줄 것이다.

아파도 뚫어지게 바라봐야 한다. 아니 아플수록 예민하게 들여다봐야 한다. 실수는 우연이 아니다. 실수를 한다는 것은 내 안에 그런 어설픔과 미숙함이 존재하기 때문이다.

- 조훈현 國手

피드백의 핵심 스킬,
관찰과 기록

2002년 한일 월드컵 당시 우리나라 대표팀이 4강 신화를 이룰수 있었던 것은 매 경기 최선을 다해 그라운드를 누비던 선수들과 경기를 진두지휘한 히딩크Guus Hiddink 감독 그리고 전국을 뜨겁게 달군 열두 번째 선수, 붉은 악마의 응원 때문만은 아니었다. 또 다른 숨은 공신들, 비디오 분석관 압신 고트비Afshin Ghotbi를 비롯한 각종 기술 분석관과 코치들이 있었기에 가능한 신화 창조였다. 당시 낯설게만 여겨졌던 비디오 분석관 압신 고트비로 인하여 대중들은 경기 중은 물론 훈련 중 선수 개개인에 대한 세심한 관찰을 통한 분석과 기록의 중요성을 알게 되었다.

역대 올림픽에서 매일 세계 신기록이 쏟아져 나올 수 있었던 것도 선수들의 경기 장면과 각종 기록, 전략 및 전술 등을 분석하는 스포츠 과학의 발달 덕이 컸다고 한다. 이처럼 스포츠 경기에서 과학적인 분석이 중요해지고, 그 효과가 표면에 드러나면서 관련 전문 인력들의 수요도 증가하고 있다. 특히, 비디오 분석의 경우 과거에는 감독이나 코치들이 전담했던 것과 달리 점차 전문 인력이 담당하는 추세다. 또 구기 종목에 집중되어 있던 비디오 분석이 이제는 개인 종목으로까지 확대되었고, 컴퓨터 기술의 접목으로 비디오 분석 시스템 수준도 크게 향상되어 앞으로 이들의 중요성은 더욱 커질 것으로 전망된다.

앞서 언급한 이 모든 것들은 관찰의 중요성을 방증해 준다. 감독이나 코치들은 경기가 끝나면 전문가가 촬영하고 분석한 영상물을 통해 경기 중 미처 보지 못하고 깨닫지 못했던 것들을 다양한 시각에서 관찰하고 분석한다. 이 분석 자료들은 개별 또는 팀에 피드백 정보로 제공되고, 다음 훈련 계획에 반영된다.

흔히 양궁을 '천 발의 열정, 한 발의 냉정!'으로 표현한다. 양궁 선수들의 혹독한 훈련과 연습, 엄청난 압박감을 생각하면 공감이 가는 말이다. 30여 년간 양궁 국가대표 감독을 역임한 서거원 감독은 자신의 저서 『따뜻한 독종』에서 관찰의 중요성을 다음과 같이 말했다.

한두 달 후, 선수들은 "저 감독님, 족집게 같다"라고들 입을 모은다. 사실은 본인들이 먼저 나에게 답을 보여주고, 나는 다만 그 선수들에게 맞는 정확한 방법을 콕 찍어 제시해 주기만 한 것인데도 말이다. (중략) 그 열쇠의 첫걸음은 내 경우엔 바로 침묵을 가장한 관찰이다.

글쓰기 코치로 잘 알려져 있는 작가 송숙희 씨는 20년 넘게 미디어 현장을 누비며 몸소 경험한 사례와 연구 결과를 바탕으로 비즈니스 대가들의 창의력과 상상력의 원천이 '관찰'에 있다는 사실을 밝혀냈다. 그녀는 자신의 저서 『성공하는 사람들의 7가지 관찰 습관』을 통해 다음과 같이 밝히고 있다.

창의적인 아이디어가 발현되는 과정에서 어떤 느낌이 번쩍하며 떠오르는 순간을 영감이라고 하는데, 바로 그 느낌은 특정 자극을 통해 일어나며 이는 무엇인가를 관찰할 때 발생한다. 즉, 관찰은 위대한 창조적 영감이 떠오르는 출발점이요, 모든 기회와 창조물의 원동력이다.

이 책에서 저자는 시대를 주도한 비즈니스 대가들의 공통적인 습관은 관찰이었다고 단정한다. 본질을 제대로 들여다보는 능력이 탁월했던 스티브 잡스, 진득하게 지켜보기의 대가 워런 버핏, 보이는 것 너머까지 상상의 눈으로 바라봤던 레오나르도 다빈치 등 다양한 분야의 천재들 역시 그들만의 특별한 관찰 습관이 있었다고 말한다. 같은 것을 보고도 차이를 만들어 내는 힘, 시대를 주도한 비밀의 원천이 바로 관찰 습관이었다는 것이다.

『탁월함에 이르는 노트의 비밀』의 저자인 이재영 박사는 원자 공학으로 KIST에서 박사학위를 받고 한동대에서 교수로 재직 중이다. 그는 '기억력도 별로 좋지 않고 의지력도 약한 사람들이 어떻게 평균 이상으로 살 수 있을까'를 고민하다 보니, 특정 분야에서 탁월한 업적을 달성한 사람들의 비결이 무엇인지 알고 싶어졌다고 한다. 이재영 교수가 다양한 연구를 통해 깨달은 탁월함에 이르는 비법은 바로 '자기 노트와 자기 생각 기록하기'였다고 한다.

왜 너무 싱거운가? 그는 책 말미에 다음과 같이 기록하고 있다.

노트를 사라. 그리고 써라. 항상 들고 다녀라. 심심하면 열어 보고 떠오르는 순간의 생각을 기록하라. 한 권의 노트에서 하나의 결론을 뽑아내라. 몇 년을 지속하면 당신의 서가에는 당신의 주장이 가득 담긴 노트가 꽉 찰 것이다.

박태환 선수의 멘토라 할 수 있는 노민상 감독은 10년 이상 수천 장이 넘는 훈련 일지를 손수 작성하면서 그에게 자신의 꿈과 인생을 걸었다고 한다. 무소유 정신을 널리 알린 법정 스님께서도 살아생전 엄청난 메모광으로 알려져 있다. 오죽하면 함께 수행하던 스님이 그 모습을 보고 '삼보 일배'가 아니라 '삼보 일메모'라고 했을까. 당신은 무엇을 관찰하고 기록하는가? 그것을 하는 데 하루에 얼마만큼의 시간을 보내는가?

"사랑하면 알게 되고 알게 되면 보이나니, 그때 보이는 것은 전과 같지 않더라."

이는 정조 때 문인 유한준이 한 말을 유홍준 선생이 인용하면서 유명해진 말이다. 관찰은 관심에서 비롯된다. 그리고 관심은 사랑의 또 다른 표현이다. 결국 사랑하는 만큼 보이는 것이다.

어떠한 일을 할 때도 마찬가지다. 그 일에 관심과 애착이 많을수록 더 세심히 관찰하게 된다. 이때 관찰과 기록은 피드백의 핵심 요소이다. 상대방의 행동을 세심하게 관찰하고 기록하는 것에서부터 피드백은 시작된다. 관찰한 것이나 기록한 것이 없다면 무엇을 피드백 하겠는가? 어쩌면 당신은 직원들의 실적이나 결과만을 가지고 피드백을 하는지도 모르겠다. 만약에 정말로 이렇게 하고 있다면, 당신은 평소 훈련장에는 나타나지도 않다가 경기장에서 승패만 가지고 선수들을 탓하는 감독과 다를 바 없다.

신중하게 계획된 훈련

제프 콜빈Geff Colvin은 『재능은 어떻게 단련되는가?Talent is Overrated』를 통해 위대한 성과의 비결은 해당 분야의 '전문 지식'과 '반복적인 훈련', 즉 신중하게 계획된 훈련Deliberate Practice이었다고 주장한다.

탁월성에 대한 기존 이론은 크게 두 가지 이슈로 나뉜다. 바로 재능 본성과 훈련 양육이다. 제프 콜빈은 그중 후천적 훈련의 중요성을 강조하였다. 제프 콜빈의 주장이 기존의 다른 주장들에 비해 더욱 설득력을 갖는 이유는 아무리 일정 시간 이상 반복해서 훈련한다고 해도 반드시 탁월한 성과를 얻는 것은 아니라고 주장하는 데 있다. 그의 주장은 말콤 글래드웰Malcolm Gladwell에 의해 잘 알려진 '1만 시간의 법칙'과 동일선상에 있지만 근본적으로는 다른 개념이다. 그는 앤더스 에릭슨Anders Ericsson의 '신중하게 계획된 훈련' 개념을 통해 이를 체계적으로 설명한다. 신중하게 계획된 연습은 다음의 다섯 가지 특성에서 다른 이론들과 구분된다.

1. 성과를 높이려는 목적으로 설계된다.
2. 수없이 반복 가능하다.
3. 끊임없는 피드백을 제공받는다.
4. 정신적으로 상당히 힘들다.
5. 재미는 별로 없다.

그가 밝혀낸 '신중하게 계획된 훈련'의 핵심은 2장에서 자세히 설명할 핀 포인팅, 피드백, 강화의 개념과 일맥상통하며, 비즈니스 상황에도 동일하게 적용할 수 있다. 다양한 실험 사례와 연구 논문들도 그의 주장을 탄탄하게 뒷받침해주고 있다. 이 부분에 대해 좀 더 알고 싶다면 2014년 2월 16일에 방영된 SBS 스페셜 '1만 시간의 법칙'을 참고하기 바란다.

BBC 방송의 스포츠 해설자였던 매슈 사이드Matthew Syed가 자신의 저서 『베스트 플레이어』에 소개했던 다음 사례는 이를 잘 설명해 주고 있다.

중국의 탁구 선수 출신 첸신화 코치는 수백 개의 공을 연속해서 받아치는 훈련을 통해서 내 속도와 움직임을 대폭 바꿔놓았을 뿐 아니라 내 경력을 바꿔놓을 또 다른 혁신을 제안했다. 내게 포핸드 슬라이스 기법을 변경하라고 한 것이다.

당시 내 타법은 상당히 유용했다. 공은 대개 탁구대보다 낮은 지점에서 높은 호를 그리며 날아갔다. 그러나 때로는 사이드스핀으로도 날아갔다. 나는 그러한 변화가 자랑스러웠으며 창의력을 보여주는 측면이라고 여겼다. 그러나 첸 코치의 견해는 달랐다. 그는 어느 곳에서 날아오든 모든 공을 동일하게 칠 수 있는 타법을 훈련하라고 지시했다. 우리는 두 달 내내 한 가지 타법만 반복했다. 무릎을 80도로 구부리고, 네트와 완전히 동일한 높이로 선 자세에서 발목에서 몇 센티미터 위에서 시작해서 내 오른쪽 귀에서 끝나는 기다란 호를 그리도록 공을 쳤다. 철저하게 몸에 배어 편차 없이 칠 때까지 훈련했다. 녹초가 될 만큼 힘든 훈련이었고, 시간이 흐르면서 과연 그렇게 피땀을 흘릴 만한 가치가 있을까 하는 의문이 들기 시작했다.

그러나 그 훈련 과정이 끝난 뒤 나는 적응의 힘을 이해했다. 중요한 점은 새 타법이 공을 치기에 낫다거나 효과적이라는 것이 아니라, 피드백을 받기에 완벽한 조건을 제공했다는 점이다. 무슨 의미인지 이해가 되지 않는가? 내 타법이 불안정했던 상황을 생각해 보자. 내가 실수했을 때 무엇이 잘못되었는지를 판단하기란 사실상 불가능하다. 백스윙을 잘못한 것일까? 상대 선수의 스핀 때문이었나? 공의 높이가 원인일까? 내 타법은 칠 때부터 너무 달라서 어떤 스트로크가 빗나갔는지를 꼬집어 내기가 아주 곤란했다.

그러나 똑같이 반복할 수 있는 타법을 개발하자 실수를 할 때마다 잘못된 부분을 즉시 파악할 수 있었고, 그 점을 개선해서 재조정하게 됐다. 몇 달이 지나

자 포핸드가 일관적으로 변했으며, 연달아 칠 수 있는 스트로크 수도 15개에서 200개로 증가했다. 이것은 피드백의 힘이었다. 첸 코치는 " 무엇을 잘못하고 있는지 모르면서 무엇을 제대로 하는지 결코 알 수 없다"라고 말했다.

이처럼 어떤 분야에서 성장하기 위해서는 무엇이 잘못된 방향으로 가고 있는지 알아야 한다. 체스를 한번 살펴보자. 선수들은 말을 움직일 때마다 피드백을 받는다. 그러나 이는 즉각적이지도 분명하지도 않다. 선수들은 시합에 이길 때까지 계속해서 피드백을 받지만 다른 위치에 말을 놓았을 때 상대 선수가 어떻게 반응할지, 그 반응에 다시 어떻게 대응할지 확신할 수 없기에 특정한 수가 최적의 선택이었는지 판단하기가 무척 어렵다.

그렇다면 이와 같은 경우에는 어떻게 유용한 피드백을 얻을 수 있을까? 체스가 발전하던 초창기에 사람들은 체스에서 유용한 피드백을 얻는 간단한 방법을 알아냈다. 그것은 그랜드마스터들이 펼친 역사적인 시합을 연구하는 것이었다. 즉, 그랜드마스터가 했던 시합과 정확히 동일한 상황으로 체스판을 배치하고 말을 움직인 다음 자신이 놓은 수를 그랜드마스터의 수와 비교해 보는 식이었다.

이런 식의 피드백은 무척 효과적이었다. 의욕이 넘치는 사람은 여러 방법으로 수를 놓으면서 연구해 보았다. 자신의 수가 그랜드마스터의 수와 달랐던 이유는 무엇인가? 만약 같았다면 그 이유는 무엇인가? 그 시합에서 그랜드마스터의 수가 지니는 의미는 무엇인가? 그랜드마스터는 어떤 추론을 했기에 그 수를 선택한 것인가? 라슬로 폴가Laszlo Polgar도 세 딸에게 체스를 가르치면서 이러한 피드백을 활용했다. 그는 피드백이 지식 습득을 촉진하는 로켓 연료와 같은 것으로, 피드백이 없으면 아무리 열심히 훈련해도 성공할 수 없다는 것을 깨달았다. 놀랍게도 그의 세 딸들은 세계 최고의 체스 선수가 되었다.

스포츠에서도 피드백은 매우 중요한 역할을 한다. 골프에서 공을 잘못 치면 경기장을 벗어난다. 그런데 이게 전부일까?

아마추어 골퍼가 골프 연습장에서 중거리에 있는 깃발을 향해 공을 날리는 모습을 상상해 보자. 롱 아이언으로 스윙을 해 공을 깃발 가까이로 보내려 했으나 깃발까지의 거리를 확신하지 못한 데다가 공의 궤도에 집중하지 못해 빗나가고 말았다. 더 큰 문제는 골퍼가 골프채 쥐는 법, 배열, 스피드 중 무엇이 잘못되어 공이 빗나갔는지 전혀 감을 못 잡고 있는 데 있다. 담당 코치로부터 피드백을 받았을지언정 별로 유익한 내용은 아니었다.

이번에는 프로 골퍼가 깃발을 향해 공을 날리는 모습을 상상해 보자. 깃발까지의 거리를 정확히 알기에 너무 세게 치거나 약하게 친 다음에는 바로 힘을 재조절할 수 있다. 이 프로 골퍼의 경우 기술을 일관성 있게 구사할 수 있어서 자세, 힘 조절, 스윙과 같은 타격의 각 측면의 결과에 어떤 영향을 미치는지 바로 알 수 있다. 즉, 해당 샷에서 무엇이 잘못되었는지 즉각 파악할 수 있다. 이 선수에게도 피드백을 해주는 코치가 있다. 코치는 선수를 끊임없이 격려하면서 그의 집중도를 평가하고, 그가 미처 깨닫지 못한 기술상의 작은 문제점들을 세심하게 살펴 즉각 피드백 해준다. 선수에게 부족한 점을 객관적인 시각으로 파악하는 것이다. 필드 훈련이 끝나면 선수는 녹화한 동영상을 보며 제3자의 관점에서 코치와 토론한다. 그 결과 다른 관점의 피드백을 획득할 수 있다.

이제 아마추어 선수가 라운딩 하는 장면을 상상해 보자. 아마추어 선수는 18홀을 돌면서 페어웨이나 그린의 가장자리에서 공을 친다. 열심히 집중하며 경험을 통해 배우려고 애쓴다. 프로 선수의 라운드도 별반 다를 게 없다. 18홀을 돌면서 공을 친다. 그러나 프로 선수는 각 샷에서 하나의 공만을 치는 것이 아니라 여러 개를 친다. 그러면서 샷을 의도했던 방향과 비교하며 세심히 살핀다. 어렵거나 특이한 샷을 발견하면 예닐곱 개의 공을 치기도 한다. 이러한 연습은 대회에서 비슷한 상황을 접했을 때 유용한 피드백을 제공해 줄 것이다.

아마추어 선수와 프로 선수의 차이를 알겠는가? 아마추어 선수는 공이 샷을 하기에 어렵게 놓여 있어도 단 한 번만 친다. 반면 프로 선수는 여러 번 반복해서 친다. 신중하게 계획된 훈련을 하는 것이다.

모든 것은
신뢰로부터 시작된다

다음 행동을 보자.

- 회의 시간에 업무 지시를 하면서도 메모하지 않는다.
- 직원들과 회의 중에 전화를 받거나 메일을 확인한다.
- 회의에 늦거나 취소하는 일이 잦다.

리더나 관리자가 무의식적으로 하는 이러한 행동들은 구성원들에게 분명한 메시지를 준다. 존경과 신뢰를 주는 메시지가 아니라는 것쯤은 진작 눈치 챘을 것이다. 대개는 이런 행동들을 대수롭지 않게 생각한다. 그러나 실은 대수롭지 않은 것이 아니다.

이런 행동을 접할 때마다 구성원들의 머릿속에는 어떤 생각이 떠오를까?

- 중요한 일이라면서 기록도 하지 않네. 별로 중요하지 않은 가보군.
- 자기가 할 말만 하고 우리가 말할 때는 만날 딴청이라니까. 어떻게 저럴 수가 있지.
- 회의 때 제시간에 오는 법이 없지. 우리에게는 늦지 말라고 하면서 말이야. 그래서 매번 회의 시작이 늦어지는 거라고.

구성원들이 이런 식으로 생각하기를 원치 않는다면, 회사의 운영 원칙이나 가치에 부합되는 행동을 보여야 한다. 또한 일상적인 회의나 미팅이라 하더라도 갑자기 불가피한 사정이 생겼을 때는 참가자들에게 그 이유를 설명하고 일정을 다시 잡도록 해야 한다. 이러한 노력도 하지 않은 채 그런 식의 행동이 계속된다면 구성원들의 신뢰를 잃어 당신이 말하는 어떤 이유도 변명으로 들리게 된다.

『트러스트』의 저자인 프랜시스 후쿠야마Francis Fukuyama는 "신뢰는 사회적 자본을 이끄는 밭이며, 높은 신뢰감이 법이나 계약 따위의 형식적 절차를 줄여 성과를 올리고 비용을 절감할 수 있게 해 준다"고 말했다. 아울러 "지역이나 가족을 넘어서는 신뢰감이 사회적 협력을 촉진한다"고 강조했다.

『성공하는 사람들의 7가지 습관』의 저자 스티븐 R. 코비Stephen R. Covey의 아들인 스티븐 M. R. 코비Stephen M. R. Covey는 『신뢰의 속도』라는 책에서 "신뢰만큼 높은 수익을 주는 것은 없다"고 말했다. 즉, 신뢰가 유형의 경제적 자산이라는 것이다. 사회 전반에 걸쳐 신뢰 수준이 낮아지면 성공 속도가 늦춰지고, 폐단을 막기 위한 비용은 상승한다. 반대로 신뢰 수준이 높아지면 성공 속도도 빨라지고, 폐단을 막기 위한 비용은 감소한다.

이 책에서는 다음과 같은 사례를 통해 신뢰의 중요성을 단적으로 보여준다. 어느 가게에서 거스름돈을 거슬러 주는 일 때문에 고객들의 불평이 끊이지 않고, 매출에 지장이 생겼다고 한다. 그래서 아예 동전통을 비치하여 고객이 알아서 거스름돈을 챙기게 했더니 오히려 이익이 증가하고, 고객의 만족도가 더 높아졌다는 것이다.

조직 구성원들은 각자의 렌즈를 통해 신뢰를 인식한다. 따라서 그것을 이해하는 공동의 언어가 반드시 필요하다. 그래야만 어떤 행동이 신뢰를 높이고, 어떤 행동이 신뢰를 깨뜨리는지 허심탄회하게 대화를 나눌 수 있다.

기업이 성장하는 데 있어서 신뢰는 단순히 있으면 좋은 것이 아니라, 반드시 있어야 하는 것이다. 하지만 대부분의 사람들은 신뢰를 쌓으려는 노력을 하지 않는다. 신뢰란 시간이 지나면서 자연스럽게 쌓이는 것이라는 안일한 고정관념 때문에 그렇다.

그러나 리더들에게 가장 중요한 과제 중 하나는 직장에서의 신뢰에 관한 문제점을 직원들로부터 듣는 것이다. 직장에서의 신뢰는 일상의 행동을 토대로 형성된다. 깨진 약속, 실천되지 않은 공약, 리더들의 정보 독점, 부당한 대우, 무관심, 폭언, 거짓말, 부정 등 이 모두가 직장 문화에 팽배해 있는 부정적인 요소들이며, 신뢰를 깨뜨리는 요인들이다. 리더가 이런 행동들을 일삼는다면 신뢰도가 낮은 직장 문화가 형성될 수밖에 없다. 그렇게 되면 직원들은 사기를 잃고, 소속감을 느끼지 못하며, 생산성은 저하되고, 위험 감수를 꺼리다가 결국에는 작은 불이익에도 회사를 떠나게 된다.

직원들이 리더의 행동을 멋대로 해석하거나 없는 이야기도 꾸며낸다면 가능한 한 명쾌하고 솔직하게 대화를 시도하라. 피드백은 시기가 중요하다. 직원들이 불만이나 의문을 갖지 않도록 그들의 이야기를 경청하라. 물론 이렇게 한다 해도 직원들 각자가 제멋대로 해석하는 것을 완전히 차단할 수는 없다. 그러나 최소화할 수는 있다.

피드백의 목적은 피드백을 받는 사람의 성과가 향상되도록 돕기 위한 것이다. 하지만 적절한 시기에 제대로 피드백을 한다 하더라도 장애가 되는 요소들이 있다. 그중 가장 중요한 것이 바로 '신뢰'다. 예를 들어, 리더와 직원들 사이에 신뢰 관계가 제대로 형성되어 있지 않은 상태라면 전하고자 하는 메시지가 효과적으로 전달되지 않을 수도 있다. 피드백의 효과는 피드백을 제공하는 사람에 대한 신뢰 수준에 비례한다. 피드백을 주고받는 사람들 사이에 신뢰 관계가 형성되지 않았다면, 리더가 하는 이야기마다 무슨 꿍꿍이가 있다는 둥 과장된 말이라는 둥 나름의 해석을 하게 된다. 따라서 피드백을 통해 성과를 달성하고자 한다면 서로 간에 신뢰부터 쌓아야 한다. 피드백의 효과는 신뢰로부터 시작되기 때문이다.

스티븐 M. R. 코비의 『신뢰의 속도』에 나오는 다음 사례를 통해 신뢰의 수준과 속도, 비용과의 상관관계에 대해 살펴보자.

9.11 테러 직후 미국 내 항공 여행에 대한 신뢰는 땅에 떨어졌다. 사람들은 공격을 가하려는 테러리스트가 주변에 실제로 존재함에도, 탑승객의 안전을 보장하는 항공 시스템이 제대로 작동하지 못했다는 사실을 알았기 때문이다. 이후 항공 절차와 시스템은 보다 엄격해졌고, 항공기의 안전에 대한 탑승객의 신뢰는 다시 회복되었다. 하지만 보안 강화로 인해 항공사와 고객들은 더 많은 시간과 비용을 지불하게 되었다.

9.11 테러 이전에는 항공기가 이륙하기 30분 전에 공항에 도착해도 신속하게 보안 검색을 통과할 수 있었다. 하지만 이제는 보안 검색을 통과하기 위해서 미국 내 여행은 1시간 30분 전에, 해외여행의 경우에는 2, 3시간 전에 공항에 도착해야 한다.

이처럼 신뢰 수준이 떨어지면 속도는 늦춰지고 비용은 상승한다.

신뢰 ↓ = 속도 ↓ = 비용 ↑

반면에 신뢰 수준이 높아지면 속도는 빨라지고 비용은 감소한다. 월마트로부터 230억 달러 규모의 맥레인유통을 인수한 버크서 해서웨이의 CEO 워런 버핏을 살펴보자. 버크서 해서웨이와 월마트는 공개 기업이기 때문에 온갖 검사와 감독을 받아야만 했다. 일반적으로 이 정도 규모의 기업 합병에는 여러 달이 소요되고, 모든 자료를 검증 및 확인하기 위하여 수백만 달러를 지불해 가며 회계사, 감독관, 변호사를 동원한다. 하지만 월마트와 버크서 해서웨이는 모두 높은 신뢰를 바탕으로 인수합병을 추진했던 터라 단 한 번의 미팅과 악수로 협상이 이루어졌다. 인수 작업을 시작한 지 채 한 달도 되지 않아 인수합병 계약서에 사인한 것이다.

워런 버핏은 '2004년 연례보고서'에 첨부한 경영자 편지에서 이렇게 말했다.

"우리는 실사를 하지 않았습니다. 우리는 모든 것이 월마트에서 말한 그대로 될 것이라고 생각했고, 실제로 그렇게 되었습니다."

그는 보통 수개월에서 수년이 걸리는 인수합병에 채 한 달도 소요하지 않았고, 실사 비용도 전혀 들이지 않았다. 이 얼마나 환상적인가! 그야말로 신뢰 수준이 높으면 속도는 빨라지고 비용은 낮아진다는 이론을 현실에서 검증해 주는 사례가 아닐 수 없다. 다시 한 번 말하지만, 신뢰 수준이 높아지면 속도는 빨라지고 비용은 감소한다.

신뢰 ↑ = 속도 ↑ = 비용 ↓

1_ 상대 관점에서 이해하기

신뢰 구축을 위해서는 상대의 관점을 이해하는 일이 필수적이다. 그래야 효과적인 피드백이 가능하다. 사람들은 서로 다른 가치관과 문화적 배경, 사고방식, 문제해결 방식, 교육 수준, 사용하는 언어, 커뮤니케이션 능력, 라이프 스타일, 인종, 성별, 기대치, 나이 등이 제각각이다. 우리가 피드백을 제공하는 대상 모두가 이렇게 다양한 특성을 지닌 개개인이라는 점을 분명히 인식하고 있으면 여러모로 도움이 된다.

당신이 피드백을 제공하려는 직원들에 대해 잘 아는 것은 무엇보다 중요하다. 이를 통해 직원들의 욕구와 개인적 관심사에 따라 인정과 보상을 해주어야 한다. 또한 직원들이 자부심을 느끼며 일하는 영역이 무엇인지도 파악해야 한다. 이러한 것들이야말로 당신이 긍정적인 피드백을 통해 강화해 주어야 할 부분이다.

어떤 직원이 조심성을 보이며 특별히 꺼리는 프로젝트나 업무가 있는가? 그것은 해당 프로젝트나 업무를 수행하기에는 자신의 역량이 부족하다고 여기기 때문일 수도 있다. 당신이 추측한 이유가 적합한지 해당 직원과 이야기를 나눠 보고, 만약 그렇다면 해당 역량을 길러 주기 위해 지원 가능한 자원과 적합한 멘토를 연결해 주는 것으로 그의 성장과 발전을 도모할 수 있을 것이다.

2_ 피드백보다 신뢰가 먼저다

성공한 많은 관리자들은 직원들과의 관계에 있어 '신뢰'와 '존경'의 중요성을 강조한다. 직원들이 마음을 여는 것은 관리자에 대한 그들의 신뢰 수준에 비례한다. 따라서 관리자는 다음과 같은 방법으로 직원들로부터 신뢰와 존경을 얻어야 한다. 첫째, 관리자는 직원들의 능력 개발을 지원할 수 있는 역량과 경험이 있어야 한다. 둘째, 관리자의 정직과 신뢰 관계가 그 바탕이 되어야 한다. 셋째, 관리자는 쌍방향 커뮤니케이션 채널을 통해 직원들의 필요에 진정으로 관심을 기울이고, 그들의 이야기를 경청하며, 개방성을 유지해야 한다. 즉, 직원들을 신뢰하고 존중해 주는 관리자가 직원들에게 신뢰와 존중을 받는다.

관리자에 대한 신뢰가 직원들의 성과와 만족에 영향을 미친다는 사실은 학자들의 연구 결과로도 실증된 바가 있다. 관리자에 대한 직원들의 신뢰가 직무 만족과 사소한 갈등과도 관련 있을 뿐만 아니라 전체 성과에도 영향을 미친다고 알려져 있다.

신뢰는 가치, 태도, 분위기와 감정 등이 동시에 작용하면서 진화한다. 최초의 만남에서 서로의 가치가 동일하다는 것을 확인하면 신뢰가 빠르게 구축된다. 만일 최초의 만남에서 서로의 가치가 다르다거나 판단하기 애매한 경우에는 상대를 바로 불신하는 것이 아니라 신뢰를 잠시 유보한다. 장차 상대를 신뢰할 것인가, 말 것인가는 양자의 심리적 교류에 의해 발전된다. 장기간에 걸쳐 감정과 생각을 공유하면서 긍정적인 태도가 형성되면, 사람들은 상대를 신뢰할 수 있는 사람으로 여기게 된다. 이 과정에서 성공적인 행동 교류는 긍정적인 감정과 분위기를 동반하고 신뢰경험을 강화하지만, 부정적인 감정과 분위기는 불신의 신호가 될 수 있다.

신뢰가 조직 내 협력적 행동의 근거이며, 핵심이라는 점에서 관리자는 신뢰의 조성과 관련한 메커니즘에 주목할 필요가 있다. 만일 팀원들 간에 높은 신뢰 수준을 보인다면, 서로를 단순한 직장 동료가 아닌 믿을 만한 친구처럼 여길 것이다. 다시 말해, 이 상태에 있는 팀은 '진정한 팀'으로 진화하는 것이다. 이때 비로소 진정한 협력과 팀워크가 작동되고, 팀원들은 공동의 목적을 위해 기꺼이 참여하고 희생하게 된다.

높은 신뢰 수준은 시너지를 내고, 협력과 팀워크를 이끌어내며,

다음과 같은 것들을 촉진한다.

- 팀원들은 공공의 관계를 형성하고, 서로 돕고 책임지려 한다.
- 팀원들은 다른 팀의 의도나 목적에 대해서도 쉽게 의심하지 않는다.
- 신뢰가 높은 팀원들은 서로에 대한 높은 기대, 공공의 협력 속에서 서로 간에 기꺼이 도움을 구하지만, 신뢰가 낮은 팀원들은 다른 팀원에게 부담을 주거나 빚진 마음을 갖지 않기 위해 쉽게 도움을 청하는 것을 꺼린다.
- 신뢰가 높은 팀원들은 자유롭게 서로의 지식과 정보를 교환하는 반면, 신뢰가 낮은 팀원들은 다른 팀원들이 제공하는 지식과 정보의 사용처를 신뢰할 수 없어 정보를 공유하지 못한다.
- 팀원들은 더 큰 공공선을 위해 개인의 이해관계와 욕구를 자제하며, 다른 팀원들 역시 그렇게 행동할 것이라는 믿음을 갖고 있다.
- 신뢰가 높은 팀원들은 모두의 헌신을 확신하기 때문에 일에 대한 높은 몰입도를 보이지만, 신뢰가 낮은 팀에서는 다른 팀원들의 헌신을 신뢰하지 못하므로 일에 대한 몰입도가 떨어진다.

사실 직장 생활에서 완벽한 신뢰는 허상인지도 모른다. 그러나 높은 신뢰 관계가 형성되고 그러한 분위기가 조성되면 조직 내에서 정보를 개방적으로 공유하는 것은 물론 전체를 위해 기꺼이 헌신하려는 행동이 증가하고, 진실하고 자신감 있는 행동이 가능해진다. 이것이 바로 진정한 팀 차원의 시너지 기반이라는 점에서 리더의 모범적인 신뢰 형성은 가히 절대적이라 할 수 있다.

3_ 신뢰의 두 가지 요소 : 성품과 역량

"당신은 누구를 신뢰하는가", "그 사람을 왜 신뢰하는가"라고 사람들에게 물으면 보통은 좋은 사람, 진실한 사람, 성실한 사람, 도덕적인 사람 등과 같이 성품 측면을 많이 말한다. 물론 성품은 신뢰 관계에 있어서 필수조건이다. 그러나 충분조건은 아니다.

상대방과 신뢰가 형성되려면 성품과 역량이라는 두 가지 요소를 만족시켜야만 한다. 이때 성품에는 성실성, 동기, 의도 등이 포함되고, 역량에는 능력, 기술, 성과, 실적 등이 포함된다.

어떤 사람이 진실하고 정직하더라도 뚜렷한 성과를 보이지 못하면 완전히 신뢰하기 어렵다. 반대로 아무리 재능과 기술이 뛰어나고 아무리 실적이 좋아도 정직하지 않으면 신뢰할 수가 없다. 예를 들어, 누군가의 성품이 신뢰할 만하다면 집을 떠나 있을 때 아이를 맡기는 것이 가능할 것이다. 하지만 비즈니스 상황이라면 이야기가 달라진다. 비즈니스 역량이 없으면 같은 사람이라 하더라도 신뢰하기가 어렵다. 그 반대의 경우도 물론 마찬가지다.

　보통 신뢰는 성품 측면에서 생각하는 경우가 많지만, 역량 측면까지 함께 생각하는 것이 중요하다. 실제로 사람들은 일을 잘하는 사람을 신뢰한다. 최근 신설된 교육 프로그램은 가장 역량 있는 강사에게 맡기며, 유망한 프로젝트는 실적이 높은 사람에게 의뢰한다. 결론적으로 누군가의 신뢰를 얻으려면 성품과 역량 모두 충족시켜야 한다.

4_ 직원들에 대해 파악하라

　먼저 관리자는 직접 관리하는 직원들에게 집중해야 한다. 점심시간을 활용하는 것도 좋은 방법이다. 한 달에 한 번 정기적으로 팀원들과 식사하는 시간을 가져라. 이때는 업무에 대해서만 이야기한다거나 형식적으로 대화하는 수준을 넘어서야 한다. 개인사, 예를 들면 당신 자신에 대해 이야기하는 것도 좋다. 당신의 관심사, 성장 배경 등 미리 이야깃거리를 준비해 두는 것이 좋다. 이 시간을 빌려 직원들의 드러나지 않은 문제를 파악하라. 초기에는 모든 직원들과 적어도 두 번은 일대일 면담을 갖도록 한다.

　직원들의 걱정거리, 포부, 다른 팀원들과의 관계, 건의사항 등을 물어보며 당신이 그들에게 관심이 많다는 것을 느끼게 하는 것이 중요하다. 그렇다고 가식적인 태도를 취해서는 안 된다. 그저 그들의 이야기를 경청하면 된다. 이때 주의할 점은 직원들이 털어놓은 이야기들을 당신의 계획이나 목표를 실행하기 위한 수단으로 이용해서는 안 된다는 것이다.

5_ 팀의 행동 지침을 설정하고 실행하라

팀의 행동 지침은 바람직한 표준이라고 여기는 행동을 집약한 모델로서 사내 규범과 행동 예절을 규정한다. 직원들은 자연히 그 내용을 존중할 것이다. 이런 행동 지침을 반드시 명시할 필요는 없다. 하지만 팀원들과 함께 내용을 정하고 기록해 두면 실제적인 효력을 발휘할 수 있다. 회사의 가치를 근거로 행동 지침을 규정하는 리더들도 종종 있다. 어쨌든 중요한 것은 이 행동 지침이 반드시 실천으로 지켜져야 함을 명시하는 일이다. 행동 지침을 어겼을 경우 받게 될 불이익도 사전에 공지하여, 위반 시 그에 따른 조치를 취해야 한다.

6_ 반드시 약속을 지켜라

약속을 어기면 어렵게 쌓아온 신뢰 관계가 하루아침에 무너진다. 그러므로 일관성 있는 태도가 무엇보다 중요하다. 만약 리더가 팀원들에게 뭔가 약속했다면 최선을 다해 그 약속을 지켜야 한다. 그리고 지킬 수 없다고 생각되는 약속은 절대로 하지 말아야 한다. 만약 사정이 생겨 약속을 지키지 못하게 됐다면, 직원들이 헛된 기대를 하지 않도록 솔직하게 말하는 것이 바람직하다.

불완전한 업무 수행의 원인, 피드백의 부재

직원들의 미숙하고 불완전한 업무 수행이 개인의 선천적인 한계 때문이며 그들의 통제 밖이라고 생각했던 시대가 있었다. 필자의 경험으로 보면 이것이 실패의 진정한 원인인 경우는 많지 않다. 미숙하고 불완전한 업무 수행의 원인은 개인의 무능력 탓이 아니라, 문제 해결을 위해 어떠한 피드백도 제공하지 않은 리더 때문인 경우가 많다. 이는 리더이기를 포기한 것이나 마찬가지다.

직원들의 불완전성이나 무능력의 원인과 관련해서 대부분의 리더들이 착각하고 있는 것 중의 하나가 있다. 능력과 지식의 차이를 인식하지 못하는 것이다. 리더들의 이러한 인식을 보여주는 전형적인 표현이 바로 "직원을 잘못 뽑았어", "자발적으로 할 줄 아는 게 없어", "머리에 든 게 없어"와 같은 말들이다. 직원들의 능력 탓으로 돌리는 것은 리더가 저조한 성과에 대해 책임을 회피할 때 자주 하는 변명이다. 이러한 핑계는 특히 그들이 자신의 직속 부하 직원이 아니거나 다른 부서의 직원일 때 더욱 자주 사용된다.

능력 부족 때문에 직원이 업무를 제대로 수행하지 못하는 경우도 물론 있지만 이는 매우 드문 일이다. '개인적 능력의 한계'란 말 그대로 업무 수행을 방해하는 개개인의 신체적 한계 같은 것을 말한다. 예를 들어, 업무 자체가 색맹이 아닌 사람만이 할 수 있는 일인데 담당 직원이 색맹이라면 그것은 능력의 한계라고 할 수 있다.

능력의 한계는 이렇듯 학습 능력의 부족을 의미하는 것이 아니다. 예를 들어, 당신이 조종사로 채용되었는데 비행기 조종법을 모른다면 그것은 당신 능력의 한계가 아니라, 조종 방법에 대한 지식과 스킬이 없기 때문이다. 당신이 아무런 교육도 받지 않고 비행기를 조종할 수 없는 것과 교육을 받았는데도 비행기를 조종할 수 없는 것은 전혀 다른 문제다. 비행기 조종 스킬은 그나마 관찰하기 쉬운 경우지만, 업무 수행에 필요한 지식과 스킬을 직원들이 얼마나 보유하고 있는지 판단하기란 훨씬 더 어렵다. 외국어를 못하는 것도 지식과 스킬 부족의 한 예일 뿐이다. 이러한 결핍은 개인적인 노력을 통해 얼마든지 채울 수 있다.

지식은 단기간 내에 습득이 가능할 수도 있다. 그러나 스킬은 습득할 때까지 상당한 시간이 소요된다. 예를 들어, 새로 입사한 영업 사원의 경우 제품에 대한 지식은 단기간 내에 습득이 가능하지만, 신규 고객을 개척하고 고객들을 상대로 계약을 성사시키는 것과 같은 영업 스킬은 단기간 내에 습득되지 않는다. 한편 성과를 내는 데 필요한 역량 중 80%가 스킬이라는 점에 리더들은 주목해야 한다.

이와 같이 리더들이 저지르는 가장 큰 실수 중 하나는 지식이나 스킬의 부족을 '개인적 능력의 한계'로 인식하고, 이 문제를 해결조차 하지 않으려는 데 있다. 필자의 관찰에 따르면, 능력의 한계 때문에 일을 제대로 하지 못했다고 여겨지는 사람들 중 70~80%는 실패할 수밖에 없는 다른 이유가 있었다. 그들은 그 일을 어떻게 해야 하는지 한 번도 교육받은 적이 없었던 것이다. 때때로 관리보다 지도가 우선할 때가 있다. 관리나 코칭도 좋지만, 지식과 스킬이 없다면 일단 가르쳐야 한다.

개인의 능력과 지식 및 스킬의 문제를 구분하는 일은 매우 중요하다. 더욱이 효과적인 피드백을 하기 위해서는 진짜 문제가 무엇인지 파악하는 능력이 매우 중요하다. 피드백을 제공하는 것은 이처럼 많은 이유에서 가치가 있다. 누군가에게 건설적인 피드백을 제공할 때 당신은 다음과 같은 일을 하고 있는 것이다.

- 효과적인 방법을 강화하거나 고취한다.

- 행동의 방향을 재설정하거나 보다 생산적인 실행 경로를 알려준다.
- 더 나은 수행을 준비하도록 한다.
- 피드백을 받는 사람의 학습과 개발에 도움을 준다.

누군가가 당신에게 솔직한 피드백을 제공해 주면 다음과 같은 이점이 있다.

- 다른 사람들과의 관계를 개선할 수 있는 기회가 마련된다.
- 일을 처리하는 방식에 의해 업무 프로세스를 개선할 수 있다.
- 직무에서 성취 정도를 측정함으로써 성과를 향상시킬 수 있다.
- 자신의 행동이 다른 사람들에게 미치는 영향에 대한 인식을 개선할 수 있다.

현재보다 미래에 더 나아질 수 있는 방법에는 크게 두 가지가 있다. 하나는 지금보다 더 열심히 하는 것이고, 다른 하나는 변화를 시도하는 것이다.

변화를 시도하는 데 있어서 무엇보다 중요한 것이 있다. 변화시켜야 할 대상과 다른 방식으로 접근하는 데 필요한 적절한 정보다. 이러한 정보를 제공해 주는 것이 바로 피드백의 역할이다. 모든 조직이나 개인은 개선사항이 있기 마련이다. 피드백의 힘은 이러한 개선점을 강점으로 전환하는 데 있다. 조직 내에서 리더와 직원들 사이에 적절한 피드백이 이루어지지 않을 경우 많은 낭비가 뒤따를 수밖에 없다. 조직이 신규 채용을 하거나 해고하는 데에는 많은 비용이 발생하기 때문에 기존 직원을 개발시키는 것이 훨씬 더 효율적인 방법이다.

조직은 직원들의 능력 개발을 기대하는데, 이는 많은 부분 리더들의 책임으로 남겨진다. 이를 위해 리더는 피드백을 유용하게 활용해야 한다. 직원들에게 피드백 하지 않는 리더는 개선하려는 노력 없이 스포츠 팀을 운영하는 감독과 같다. 코치나 감독의 피드백을 통해 선수 개인이나 팀의 경기력이 최고의 수준에 도달할 수 있다고 한 것을 기억하라.

하지만 필자가 코칭을 통해 만나본 많은 리더들과 직원들은 정작 진정한 피드백에 목말라하고 있었다. 문제는 잘못을 지적받는 것 말고는 직원들이 자신의 업무 방식에 대해 피드백을 받는 경우가 거의 없다는 것이다. 조직 내에서 대부분의 피드백은 강화하기나 개발하기 대신 지적하기나 평가하기의 형태를 띤다. 뿐만 아니라 리더나 동료로부터 진정한 피드백을 받은 것이 언제인지 물으면 십중팔구는 머뭇거리며 기억을 더듬곤 한다. 그나마 희망적인 것은 대부분의 리더가 직원들을 돕고자 하는 의사가 있다는 사실이다.

리더로서 성공하려면 리더의 역할과 관련하여 다음의 세 가지

사항을 명심해야 한다.

- 관리는 직원들이 일을 수행하도록 개입하는 것이다.
- 직원들이 리더를 필요로 하는 것보다 리더가 직원들을 더 많이 필요로 한다.
- 리더의 급여는 리더가 한 일에 대한 대가가 아니라 직원들이 한 일에 대한 대가다.

이 세 가지 기본 사항을 수용한다면 성공적인 리더가 되기 위해 어느 정도 직원들에게 개입해야 하는지 인식할 수 있을 것이다. 예를 들어, 관리가 직원들이 일을 수행하도록 개입하고 리더는 자신이 한 일이 아니라 직원들이 한 일에 따라 보상받는 것이라면 리더의 핵심 역할은 직원들이 성공할 수 있도록 최선을 다해 돕는 것이라 할 수 있다. 오직 직원들이 성공했을 때에만 리더도 성공할 수 있는 것이다. 이 말은 더 높은 성과를 얻고자 한다면, 리더는 직원들이 성공하도록 돕기 위해 가능한 모든 노력을 기울여야 한다는 것을 의미한다.

불완전한 업무 수행의 원인이 피드백의 부재 때문은 아닌지 스스로에게 질문해보라! 조직 구성원들이 만들어낸 결과는 곧 피드백의 결과이다.

3장

피드포워드
(Feed forward)

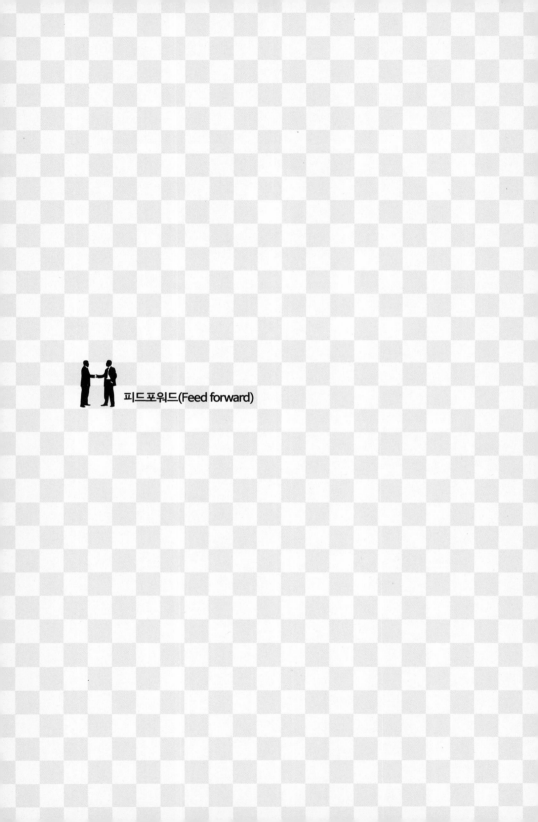

피드포워드(Feed forward)

01

피드백보다
피드포워드가 먼저다

피드포워드Feed Forward는 리더들이 구성원들에게 기대하는 바람직한 방향이나 행동에 대한 커뮤니케이션이다. 리더는 이를 통해 조직을 원하는 방향으로 집중하게 하며 동기를 유발한다. 따라서 피드포워드 한다는 것은 마치 퍼즐의 완성된 모습을 함께 바라보는 것과 같다. 즉, 리더 입장에서는 구성원들에게 미래에 대한 청사진을 보여주고 그 청사진을 위해 어떤 것들을 해야 하는지 알려주는 것이다. 따라서 피드포워드가 명확해야 피드백이 의미가 있게 된다.

피드백과 관련하여 최근 이슈가 되고 있는 용어가 바로 피드포워드feedforward이다. 아마 대부분의 독자들이 피드백이란 용어는 익숙하겠지만 피드포워드라는 용어는 다소 생소할 것이다. 컴퓨터공학에서는 피드포워드를 '앞으로의 징후를 계산에 의해 예측하고, 그 정보에 기준해 제어를 행하는 방식'으로 정의한다. 관리기법에서는 피드포워드를 '목표 달성을 위한 명확한 방향과 정보를 모든 구성원들에게 사전에 제시함으로써 동기를 유발하는 관리방법'으로 정의한다. 즉, 피드백은 주로 문제 발생 후 교정 혹은 개선을 위한 것인데 반해, 피드포워드는 발생 가능한 문제의 사전 예방에 초점을 맞추고 있다고 할 수 있다.

그래서일까? 피드포워드의 중요성을 강조하는 사람들은 공통적으로 피드백의 다음과 같은 단점을 지적하곤 한다.

첫째, 피드백은 이미 일어난 일에 초점을 맞추고 있다는 것이다. 상황이 발생한 후에, 문제가 터진 후에 이뤄진다는 것이다. 바꿀 수 있는 것은 과거가 아니라 미래라는 것이다.

둘째, 피드백은 실패의 감정을 강조하는 반면 피드포워드는 목표 달성을 위해 잘할 수 있는 방법에 초점을 맞춤으로써 변화의 가능성을 강조한다는 것이다. 문제점보다는 잘할 수 있는 방법에 초점을 맞추기 때문에 거의 항상 긍정적인 모습을 띠게 된다는 것이다.

이와 같은 생각은 피드백에 대한 정의 자체를 매우 제한적으로 정의한 사람들의 주장이다. 이미 교육학, 심리학, 경영학 분야에서 '피드백'의 정의는 과거에 발생한 일에 대해 초점을 맞추는 것을 넘어 미래에 바람직한 행동까지도 제시해주는 것을 포함하고 있다. 코칭 스킬을 훈련하는 대부분의 프로그램에서도 피드백은 일부의 주장처럼 꼭 부정적이거나 과거 지향적이지는 않다. Act일어난 행동, Actor행위자, Appreciate감사 표시를 기반으로 한 긍정적 피드백인 'AAA 피드백'과 Act일어난 행동, Impact행동이 미치는 영향, Desire Outcome미래의 바람직한 행동을 기반으로 한 발전적 피드백인 'AID 피드백'이 그러한 구체적인 피드백 방법으로 오래전부터 제시되고 있다.

피드포워드는 피드백의 단점을 보완하기 위한 방법이 아니라, 바람직한 피드백을 위한 선행조건이다. 최근 조 허시Joe Hirsch는 자신의 저서에서 코치인 마샬 골드 스미스가 창안했다는 '피드포워드'의 개념을 빌려 바꿀 수 없는 과거보다는 바꿀 수 있는 미래에 집중할 때 최선의 성과를 도출할 수 있다고 강조하고 있다. 이 주장에 전적으로 동의한다. 하지만 일반적인 피드백의 개념은 그들이 주장하는 피드포워드의 개념을 이미 포함하고 있다. 과거형이든 미래형이든 피드백은 단지 피드백이다. 학자들마다 개념 정의에는 차이가 있을 수 있으니 필자의 이러한 생각을 독자들께서는 이해해주시리라 믿는다.

회사가 구성원들에게 기대하는 것은 단순히 매출 목표와 같은 성과만이 아니다. 영업 부문만 하더라도 매출 목표에서부터 고객 방문 시 복장, 고객을 대하는 태도, 심지어는 정해진 영업 방식을 충실하게 따라줄 것을 기대하거나, 하루에 몇 회 이상 고객 방문을 해야 한다거나 하는 등 다양하다.

그러나 모든 기대가 똑같이 중요한 것은 아니다. 기대 사항들의 우선순위를 전달하고 경우에 따라서는 서로 상충되는 것처럼 보이는 온갖 목표들을 정리하는 데 서투른 리더들도 있다. 필자는 가끔 구성원들로부터 그것이 정말 가능한 목표인지, 무엇이 우선인지에 대한 실질적인 고려 없이 목표를 설정한다는 불평을 많이 듣는다. 기대하는 바를 정확한 문장으로 표현하고, 다양한 목표들을 확실히 정리하는 일은 매우 중요하다.

기대를 피드포워드Feed Forward 한다는 것은 리더가 구성원에게 설명하거나 전달하는 것 이상의 활동을 의미한다. 커뮤니케이션은 우리가 말하는 것뿐 아니라 듣는 사람이 그것을 어떻게 인식하고 반응하는가와 관련이 있다. 많은 리더들이 커뮤니케이션과 말하기를 혼동한다. 말하기는 한 방향 의사소통이다. 따라서 말하기는 리더가 자신의 기대에 대하여 커뮤니케이션하고 구성원들이 전념하도록 하기에는 효율적인 방법이 아니다.

필자가 코칭 시 리더들에게 꼭 던지는 2가지 질문이 있다.

- 리더로서 구성원들에게 어떤 기대를 가지고 계십니까?
- 그 기대를 구성원들과 어떻게 커뮤니케이션하고 있습니까?

이 질문에 선뜻 답하는 리더는 많지 않다. 거꾸로 구성원들에게도 다음과 같이 질문한다.

- 당신의 리더가 당신에게 어떤 기대를 가지고 있습니까?
- 당신의 리더는 그 기대를 당신과 어떻게 커뮤니케이션하고 있습니까?

이 질문 역시 선뜻 답하는 구성원들이 많지 않다. 그만큼 업무에 대한 기대가 명확히 정의되어 있고, 서로 커뮤니케이션이 되지 않고 있다는 뜻이다. 설사 정의되어 있다 하더라도 커뮤니케이션이 제대로 이루어지지 않는다는 뜻이다.

행동에 초점을 둘 때,
결과에 초점을 둘 때

구성원과 커뮤니케이션할 때 결과에만 초점을 맞추는 리더들이 많다. 목표 달성을 위해 구체적으로 무엇을 해야 하는지에 대해서는 구성원들에게 맡겨버린다. 이래서는 곤란하다. 능률도 오르지 않고, 실적 달성도 가늠할 수가 없다. 무엇을 어떻게 해주었으면 좋겠는지 기대하는 바를 확실히 전달해야 한다. 특히 구성원의 행동에 초점을 맞추는 것이 중요하다.

앞에서도 말했지만, 모든 결과는 행동의 산물이다. 따라서 행동 자체가 리더의 주요 관심사가 되어야 한다. 리더의 커뮤니케이션은 상황에 따라 중점을 달리할 줄도 알아야 한다. 행동에 중점을 두어야 하지만, 결과에 중점을 두어야 할 때도 있다.

1_행동에 중점을 두어야 할 때

1. 활동 수준과 최종 목표의 차이가 클 때

현재의 활동 수준으로 보아 목표를 달성하기가 어렵다고 판단되면 구성원들의 행동을 중심으로 커뮤니케이션이 이루어져야 한다. 특히 입사한 지 얼마 되지 않았거나 진행이 더딘 구성원의 경우에는 행동과 결과 간의 관계가 명확하지 않을 때가 있다. 별다른 노력을 하지 않았는데도 목표를 달성했거나, 필요한 행동을 하지 않았는데도 아무 문제가 생기지 않을 수도 있다. 영업 활동을 하지 않고 주문을 얻어내는 경우도 있고, 안전수칙을 따르지 않았는데도 사고가 일어나지 않는 경우가 있다.

이런 경우를 방치해서는 안 된다. 언제든지 부정적인 결과를 낳을 수 있기 때문이다. 이런 경우, 리더가 개입하여 행동을 시정할 수 있도록 해야 한다. 이와는 달리 결과에 비추어 그 이상의 많은 행동을 할 때도 있다. 즉, 결과에 영향을 미치지 않는 필요 이상의 행동들을 하는 것이다. 고객이 불편해할 정도로 연락을 하거나 말을 많이 하는 경우가 그렇다. 이럴 때는 행동에 대한 일종의 가지치기가 필요하다.

알고 보면 결과를 얻는 데 기여하는 행동은 실제로 그리 많지 않다. 결과의 대부분이 일부 요인에서 비롯된다는 파레토 법칙 Pareto's Law처럼, 성과의 80%가 20%의 행동에서 나온다고 볼 수도 있다. 구성원들이 가급적 실적에 중요한 영향을 미치는 행동을 중심으로 활동하도록 커뮤니케이션할 수 있어야 한다.

여기서 한 가지 유념할 점이 있다. 실적에 중요한 행동은 피드백이나 환기를 통해 지속적으로 강화해나가야 한다는 것이다. 기억력이 그렇듯이 행동도 시간이 지나면 사라지기 때문이다.

커피 전문점을 예로 들어보자. 고객이 커피를 주문할 때 바리스타가 "치즈 케이크나 방금 나온 커피번은 어떠세요?"라고 물었고, 고객이 "네, 좋아요"라고 답했다. 그럴 경우 리더인 당신은 "잘했어"라고 말하며 주문 권유의 효과를 확인시켜 주어야 한다. 고객이 "아뇨, 됐습니다"라고 말했다면 어떻게 해야 할까? 그래도 바리스타에게 주문 권유의 필요성을 이야기해 주어야 한다. "주문 권유를 많이 할수록 매출이 올라가는 거야. 설사 거절당한다 해도 계속 권유를 해야 해"라고 말이다.

리더의 커뮤니케이션은 항상 구성원에 대한 기대를 분명히 표현하는 것이어야 한다. 그렇지 않으면 구성원들은 치즈 케이크나 머핀을 권하는 행동을 하지 않을 것이다.

2. 결과가 많이 지연될 때

어떤 결과는 달성하는 데 오랜 시간을 필요로 한다. 예를 들어, 설계 과정이 복잡한 기계나 부동산, 대형 컴퓨터 사업 등이 그렇다. 제품이나 서비스를 판매하는 데 몇 주 혹은 몇 달이 걸리기도 한다. 이런 상황에서는 동기부여를 위해 최대한 많은 양의 강화 커뮤니케이션을 해야 한다. 긍정적 강화는 보상을 통해 바람직한 행동의 빈도를 증가시키고, 부정적 강화는 안 좋은 결과를 낳는 행동을 피하게 하여 결과적으로 바람직한 행동의 빈도를 높인다. 리더들은 이와 같은 커뮤니케이션을 통해 결과가 나올 때까지 기다리지 말고 수행과정을 검토하여 필요한 행동을 이끌어야 한다.

3. 민감한 행동을 보일 때

구성원이 부적절한 옷차림, 수다, 잘못된 화법, 지저분하게 먹는 습관, 몸에서 나는 악취나 입 냄새 등과 같은 문제적 행동을 보일 경우 성과에 부정적 영향을 미칠 수 있다. 하지만 민감한 사안이기도 해서 피드백을 하기가 쉽지 않다. 그래도 리더는 이에 대해 커뮤니케이션할 책임이 있다. 어렵더라도 일단 커뮤니케이션을 하고 나면 문제가 되는 행동을 쉽게 고칠 수 있다.

2_결과에 중점을 두어야 할 때

리더는 기본적으로 행동에 중점을 둔 커뮤니케이션에 치중해야 한다. 하지만 때로는 결과 중심으로 커뮤니케이션하는 것이 더 효율적일 때도 있다. 행동을 관찰하지 않고도 괜찮은 결과를 예상할 수 있는 상황, 즉 구성원이 숙련되어 있어서 자신의 행동이 어떤 결과를 낳는지 잘 알고 있다면 결과에 중점을 두고 커뮤니케이션해도 된다.

프로 골퍼들은 자신의 드라이브가 페어웨이를 벗어날 때 무엇을 잘못했는지, 같은 잘못을 되풀이하지 않으려면 어떻게 해야 하는지 알고 있다. 군이 충고할 필요가 없다. 경험이 풍부한 베테랑 구성원들도 마찬가지다. 그들은 원하는 결과를 얻기 위해 필요한 모든 행동을 알고 있다. 행동보다는 결과에 관한 피드백이나 인정이 훨씬 효과적이다.

- 결과가 좋아지고 있을 때

결과가 좋아지고 있다는 것은 구성원들이 행동을 제대로 하고 있다는 뜻이다. 이럴 때는 결과 중심의 커뮤니케이션을 하면 된다. 물론 그 결과가 제대로 된 행동에서 나온 것이라는 확신이 있어야 하고, 그 행동이 높은 수준에서 안정적으로 유지되어야 한다. 이 두 조건이 충족되면 결과에 대한 피드백이나 인정 중심의 커뮤니케이션을 통해 효율성을 높일 수 있다.

피드포워드(Feed Forward) 하라

리더는 자신과 조직이 바라는 목표들에 대해서 구성원들과 커뮤니케이션 해야 한다. 경영진의 니즈를 파악하고 정리하여 구성원들과 개별적으로든 팀 단위로든 목표 달성 방법들을 함께 검토하여야 한다. 또한 구성원들이 목표에 집중할 수 있도록 그들의 생각과 의견을 경청하고 지지하며 수시로 소통해야 한다.

구성원에 대한 기대를 피드포워드Feed Forward 하는 것은 한 번의 면담이나 회의로 끝나는 것이 아니다. 그것은 지속적인 사후 관리가 필요한 항상 진행 중인 과정이다. 유능한 리더들은 다음과 같이 사후 관리를 한다.

- 구성원에게 기대하는 바를 점검, 관찰하고 평가함으로써 구성원들이 리더의 기대에 대해 책임감을 가질 수 있도록 상기시킨다.
- 지속적으로 정보를 제공하고 경청하면서 함께 한다.
- 피드백을 하되 비난하지 않는다.

일단 하나의 목표를 달성하고 나면, 팀의 성공을 축하하고 목표를 달성한 구성원들을 공개적으로 칭찬해줘야 한다. 축하와 칭찬은 사람들에게 힘을 불어넣고, 미래의 새로운 활동에 대해 정신적으로 준비시켜 준다. 물론 하나의 목표 달성이 끝은 아니다. 리더와 팀원들은 목표 달성 후에 새로운 계획 수립과 업무실행 과정에 대해 재검토해야 한다. 이때 리더는 자신과 팀원들에게 다음과 같이 질문을 던지고 그 답변들을 정리해 놓아야 한다.

- 어떤 것이 효과가 있었고, 어떤 것이 없었나?
- 목표 달성으로 우리가 기대했던 이익이 발생했는가?
- 만약 이 일을 다시 한다면 어느 부분을 다르게 할 것인가?
- 일을 더 잘 할 수 있도록 팀에 충분한 자원과 권한이 주어졌는가?
- 향후 더 큰 목표를 달성하기 위해 추가할 것들로는 어떤 것이 있는가?

사후 관리로부터 얻는 교훈은 매우 소중하다. 리더와 팀원들은 그 교훈들에 대해 충분히 공유하고 자기 것으로 만들어야 한다. 만약, 이전 목표가 너무 쉽게 달성되었다면 앞으로의 목표는 조금 더 높게 잡는 것이 바람직하다. 반대로 목표를 달성하는 데 지나치게 무리했다면 새로운 목표는 좀 더 낮게 정하는 것이 좋다. 목표를 달성하는 과정에서 특정 기술에 대해 부족함을 느꼈다면 그 기술을 익히는 것을 향후 목표로 정해야 한다. 목표가 비현실적이었다면 새로운 목표는 팀의 현실과 시간적인 제약을 잘 반영하여 설정하도록 해야 한다. 이것이 목표 달성을 통해 높은 성과에 다가가는 방법이다.

기대를 피드포워드 하는 것은 구성원에게 현재의 위치, 가고 있는 방향, 그리고 목표에 도달하는 방법을 알게 해준다. 구성원에 대한 기대를 명확하게 정의하고 피드포워드 하는 과정이 없다면 구성원들은 방향을 잡지 못하고 동기부여가 되지 않으며, 부정적이 될 수도 있다. 기대를 피드포워드 하는 것은 리더와 구성원 모두에게 우리의 업무가 무엇이며, 그것을 어떻게 하기를 기대하고 있는지, 왜 그것을 하는 것이 중요한지 그리고 그 기대들을 충족시키기 위하여 어떤 일들을 해야 하는지를 명확하게 해준다. 유능한 리더가 하는 가장 중요한 일 중의 하나가 바로 이것이다.

리더의 기대가 구성원들에게는 비전이 될 수 있다. 전통적인 리더들은 단지 현상을 유지하는데 급급하지만, 유능한 리더는 구성원들이 모든 의사 결정과 행동을 비전에 맞추어 행동하도록 돕는다. 비전의 마력은 미래와 현재 사이의 갭을 인식시켜 줌으로써 목표에 다가가게 한다. 영업 조직의 변화과정에서 비전은 다음과 같은 역할을 한다.

첫째, 비전을 가진 구성원들은 비전에 따라 현재의 활동에 의미를 부여하고 현재의 활동을 미래의 비전과 관련 지어 새로운 에너지를 창출한다. 예를 들어, 당장 눈앞의 과업에 매여 지루한 일상 속에 갇힌 구성원이 있다고 가정해 보자. 단기적인 기대와 요구로 인해 근시안적인 안목으로 일상을 보내야 한다면 진정한 자기 가치를 실현하지 못할 것이다. 아마도 그에게 이러한 일과는 시간이 갈수록 고역이 되고 말 것이다. 그러나 가슴속에 매력적인 비전을 품고 있는 구성원이라면 현재의 일이 아무리 고되고 힘들다 할지라도 미래에 가치 있고 중요한 일을 성취하는 것과 관련되어 있다는 것을 인식하게 될 것이다.

마감일에 대한 압박, 성과에 대한 압력, 즉각적인 문제해결의 요구 속에서 대부분의 구성원들은 근시안적인 일상에 갇혀 있기 쉽다. 그러나 리더의 기대와 더불어 미래에 대한 자신의 꿈과 열망을 가진 구성원들은 일상에 의미를 부여한다. 이러한 경우 업무는 더 이상 단순한 과업이나 지루한 일상의 반복, 의무감을 넘어 보다 가치 있고 의미 있는 일로 전환된다.

둘째, 비전은 구성원들의 몰입을 이끌고 동기를 부여하는 역할을 한다. 사람들은 자신의 일에 열정을 가지고 싶어 한다. 강력한 비전은 최선의 노력을 통해 새롭게 도전하게 함으로써 그들의 열정과 에너지를 이끌어낸다. 리더십의 비밀은 이러한 비전의 힘을 어떻게 활용하는가와 관계가 있다. 사람들은 자신이 진심으로 흥미 있다고 생각하는 일에 시간과 에너지를 집중한다.

셋째, 비전은 일의 의미를 부여하며, 사람들은 자신의 일 속에 숨겨진 의미를 발견하고 자부심을 느끼고 싶어 한다. 반복적인 일을 수행하는 사람들조차도 자신의 일 속에 보다 큰 가치와 목적이 있다는 것을 발견한다면 자긍심을 느끼는 것은 당연하다. 훌륭한 비전은 사람들이 하고 있는 일상의 일을 새롭게 규정하고 가치를 부여한다.

넷째, 비전은 성과 수준을 결정한다. 성취 욕구가 높은 구성원들은 자신이 한 일이 제대로 수행되었는가를 알고 싶어 한다. 비전은 바로 이러한 구성원들의 행위에 초점을 제공하고, 미래의 모습에 대해 선명한 그림을 제공함으로써 무엇을 어떻게 해야 하는지를 설명해 준다. 예를 들어, 고객 서비스에 있어서 최고가 되어야 한다는 비전으로 인해 구성원들은 전에 하지 않았던 방식을 사용함으로써 여기에 부합하고자 노력하게 된다.

좋은 비전은 이처럼 구성원들의 마음을 움직이며, 자신들이 보다 큰 이상과 가치의 일부라는 사실을 일깨워준다. 고리타분하고 재무적인 목표로 가득 찬 비전은 이러한 힘을 발휘할 수 없다. 따라서 리더는 진정으로 구성원들의 열망을 담아내는 비전을 창출해 이들의 마음을 사로잡아야 한다.

그렇다면 어떤 비전을 제시하는 것이 바람직할까? 여기에는 정답이 없다. 하지만 몇 가지 중요한 요소를 살펴볼 필요가 있다.

먼저, 리더는 비전을 만들고자 할 때 그 안에 조직과 개인들이 원하는 미래에 대한 원대한 이상을 포함시켜야 한다. 비전이 미래에 대한 기대를 불러일으키면 구성원들에게 진심으로 동기부여를 할 수 있기 때문이다.

다음으로 비전은 구성원들의 마음을 충분히 사로잡을 수 있어야 하며, 각자에게 직접적인 의미를 제공할 수 있어야 한다. 다시 말해 리더 개인의 비전이 아니라 구성원 모두가 꿈꾸는 것이어야 한다. 구성원들의 관심과 욕구를 반영하는 진정성은 비전을 살아 꿈틀거리게 하기 때문이다.

또한 비전은 일상을 넘어 미래로 가는 중대한 변화를 촉진할 수 있어야 한다. 변화는 두려움을 불러오지만, 이 변화의 두려움을 뚫고 갈 수 있는 것은 선명한 비전이 있기 때문이다. 이처럼 기꺼이 모험과 위험을 감수하고 변화를 추구할 수 있는 비전이 만들어질 때 탁월한 성과를 가져올 수 있다.

비전은 구성원들의 숨겨진 재능과 잠재력을 이끌어 내어 미래를 향해 도전하게 만든다. 리더는 자신은 물론 조직을 구원할 수 있는 생생하고 거룩한 비전을 개발하고, 이를 공유하는 일을 첫 번째 임무로 삼아야 한다. 특히 변화의 시기에 조직의 존재 이유와 사람들이 일에 참여하는 궁극적인 이유가 불명확하다면 사람들은 결국 혼돈에 빠지고 말 것이기 때문이다.

리더가 구성원들의 적극적인 참여와 몰입을 이끌어 낸다 할지라도 비전과 전략을 통해 구체적인 방향을 설정하는 일을 간과한다면 진정한 성취는 불가능하다. 리더는 미래를 위해 비전을 제시하고 이를 구성원들의 행동과 연계함으로써 조직의 에너지를 집중시켜야 한다.

많은 기업들은 회사의 비전을 밝히고 사무실 액자 속에 이 비전을 담아내고 있지만, 정작 이것이 사람들의 마음속에 자리 잡고 있는지는 의문이다. 그런 비전은 단순한 환상이며 백일몽에 불과하다. 이러한 리더의 행동에 사람들은 회의를 품고 점차 의욕을 잃게 되며 리더의 비전이 거짓이었음을 깨닫고 회사를 이탈하게 된다.

합리적인 목표를 설정하고 동기를 유발하라

목표 설정은 성과에 큰 영향을 끼친다. 목표란 '개인과 조직이 달성하고자 하는 미래의 결과'를 말한다. 개인의 목표를 예로 들면 '나는 3개월 안에 5kg의 체중을 줄일 것이다'와 같은 것이다. 목표 설정은 개인, 팀, 조직이 노력을 통해서 달성하고자 하는 결과가 무엇인지를 명확히 커뮤니케이션 하는 과정이며, 조직의 효율성과 효과성을 증진시키고자 하는 의도를 가지고 있다.

그러나 목표 설정은 그리 간단하고 쉬운 문제가 아니다. 그럼에도 불구하고 오늘날과 같이 경쟁이 치열한 시장 환경 하에서는 목표를 설정하고 달성하기 위한 노력이 필수적일 뿐만 아니라 그럴만한 가치도 충분히 가지고 있다. 목표 설정이 중요한 이유는 다음과 같다.

- 목표 설정은 행동을 이끈다. 목표는 구체적인 방향을 향해 노력과 관심을 집중시킴으로써 역할을 명확하게 해줄 뿐만 아니라, 이를 통해 매일 일어나는 의사 결정의 불확실성을 줄여준다.
- 목표는 개인, 팀, 조직이 도전할 과제와 그 성과를 측정하고 평가할 수 있는 지표를 제공한다.
- 목표는 다양한 업무 성과와 그것을 추구하기 위한 자원의 사용을 정당화시켜 준다.
- 목표는 조직 설계를 위한 밑그림을 제시해 준다. 즉, 목표는 부분적으로 의사소통 양식, 권한 관계, 업무 조정 등이 어떻게 이루어져야 할지를 제시해 준다.
- 목표는 구성원들과 경영자들이 중요하다고 생각하는 것이 무엇인지를 나타내 주며, 계획과 통제를 위한 활동의 틀을 제공한다.

조직이 특정 목표를 성취하려고 노력하는 것처럼 개인들 역시 특정 목표를 달성하기 위해 동기 유발이 될 수 있다. 실제로, 목표 설정은 조직 내에서 성과에 영향을 미칠 수 있는 매우 중요한 동기 유발 수단 중 하나이다. 목표를 가지고 있다는 것은 기대하는 성과가 무엇이고, 어느 정도 수준인지를 명확히 해주기 때문에 성과를 중진시키는 데 도움이 된다. 좋은 성과를 위해 동기 유발하는 데 있어서 목표는 무엇보다 중요한 요소라 할 수 있다.

한 연구팀이 목표의 영향에 대하여 조사하는 프로젝트를 진행한 적이 있었다. 이 연구팀은 1979년에 하버드 대학 MBA 졸업생들에게 다음과 같은 질문을 하였다.

"당신의 미래를 위해 명확하게 문서로 작성한 목표를 가지고 있는가? 그리고 그것들을 달성하기 위한 계획을 세웠는가?"

조사 결과 졸업생들 중 3%가 문서로 작성한 목표와 계획들을 가지고 있다는 것을 발견하였다. 13%는 목표를 가지고 있었지만 문서로 작성하지는 않았고, 나머지 84%는 즉시 학교를 졸업하는 것 외에는 특별히 별다른 목표가 없었다.

10년 후인 1989년에 연구원들은 당시 학생들을 다시 인터뷰하였다. 목표를 가지고 있었지만 문서로 작성하지 않았던 13%는 평균적으로 목표를 가지고 있지 않았던 84%의 두 배나 되는 수입을 올리고 있었다. 그리고 하버드를 떠날 때 명확하게 문서로 작성된 목표를 가지고 있었던 3%는 평균적으로 나머지 97% 전체 수입의 10배를 올리고 있었다. 이 그룹들 사이의 유일한 차이점이라면 졸업할 때 가지고 있었던 목표의 명확성뿐이었다. 명확한 목표가 성과에 영향을 준 것이다.

목표와 전략에 맞게
피드백 하라

조직에서의 피드백은 조직에 대한 이해를 바탕으로 해야 한다. 이는 피드백을 진행할 때 항상 염두에 두어야 하는 사항이다. 바로 이러한 이유로 관리자가 직원들에게 기대하는 바가 무엇인지 명확하게 규정하는 것이 중요하다. 기대가 명확하다면 평가 기준이나 그 기대치에 도달하는 지점도 분명해진다. 그러기 위해서는 직원들에게 조직의 목표나 전략 그리고 이에 따른 기대를 개개인에게 전달할 때보다 명확하고 구체적으로 설명할 필요가 있다. 아주 간단해 보이는 몇 마디 말이라도 직원들 각자에게는 각각 다른 의미로 이해될 수 있기 때문이다.

예를 들어, '고객 중심'이라는 말의 경우만 하더라도 직원들 각자가 느끼는 기업문화, 과거의 경험, 조직에서 담당하는 역할에 따라 그 의미를 다르게 생각한다. 같은 단어에 대해서도 이처럼 해석이 각기 다른 것이다. 따라서 '고객 중심'이라는 말이 직원들에게 핵심 개념으로 전달되어야 하는 상황에서는 다음과 같이 명확하게 정의를 내려줄 필요가 있다.

"고객 중심이란, 고객의 요구에 민감하게 반응하는 일이며, 문제가 있으면 끝까지 해결하려는 태도이고, 고객에게 최선을 다해 헌신하려는 것이며, 일이 늦어질 경우 다른 대안을 제안해 주는 것이고, 고객의 기대를 넘어서는 서비스를 제공하기 위해 최선의 노력을 기울이는 것이며, 고객에 따라 스타일이나 접근 방법을 다양하게 하는 것입니다."

이렇게 명확하게 개념을 설명할 때 직원들은 관리자가 기대하는 것이 무엇인지 올바로 이해하게 된다. 피드백이 효과적이려면 의도적으로 꾸준히 이루어져야 한다. 관리자들은 매일매일 직원들에게 많은 피드백을 제공한다. 하지만 의도를 가지고 피드백을 하는 경우와 그렇지 않은 경우는 전혀 다른 문제다. 별도로 피드백을 준비할 시간 혹은 명확한 의도나 기술도 없이 직원들에게 피드백을 제공하고 있을 수도 있다. 하지만 그런 경우 정말 소통하고자 하는 것과는 전혀 다른 메시지가 전달되기 십상이다.

실무를 진행하는 데 있어서 피드백 기술은 반드시 필요하다. 그런데 이 기술은 저절로 습득되는 것이 아니다. 긍정적인 피드백을 제공하는 일조차도 잘 되지 않는 경우가 허다하다. 어떤 관리자들은 직원이나 팀을 칭찬하는 일이 위선을 떠는 것이라고 생각하기도 한다. 또 어떤 관리자들은 긍정적인 피드백을 제공하려는 생각은 있지만, 그 일을 우선적으로 하지는 않는다. 이유야 어찌됐든 많은 조직 내에서 긍정적인 피드백을 찾아보기 힘든 것이 현실이다.

그렇다면 이처럼 효과적인 기술을 익히지 못한 관리자들에게 직접 피드백을 제공받은 경험이 있는 직원들은 어떻게 생각할까? 대부분 피드백을 부정적인 경험이라거나, 애매모호한 내용뿐이라든가, 속임수에 불과하다거나, 비판하기 위한 것이라고 여긴다. 직원들이 실제로 이렇게 느낀다면 피드백은 그야말로 전혀 실효성이 없는 뜬구름 잡는 이야기가 된다. 직원들이 작은 성공을 거둘 때마다 관리자가 먼저 이를 알아차리고 시기적절한 피드백을 지속적으로 제공해 보라. 직원들의 역량과 수행이 늘어나는 것은 물론 자신감도 향상될 것이다.

피드백을 통해 제공하는 정보는 기본적으로 미래의 행동에 영향을 미칠 수 있는 과거의 행동에 대한 것이다. 또한 과거의 행동을 통해 바람직한 결과에 영향을 줄 수 있는 미래의 행동에 대한 정보이기도 하다. 따라서 피드백이 성과로 연결되기 위해서는 그 전에 직원들에게 조직의 목표나 전략, 기대를 개개인에게 피드포워드Feed Forward할 필요가 있다.

4장

강화,
핀 포인팅

강화, 핀 포인팅

피드백에 관한
두 가지 편견

피드백의 중요성을 모르는 리더는 거의 없다. 하지만 피드백을 활용하는 데 있어서 리더들은 다음과 같이 두 가지 편견을 가지고 있다.

첫 번째는 '피드백은 리더가 부하 직원에게만 하는 것이다'라는 편견이다. 하지만 이러한 편견과 달리 리더가 부하 직원에게 피드백을 주는 것만큼, 리더가 부하 직원들로부터 피드백을 받는 것도 중요하다. 성숙한 리더의 역량 중 하나는 자신의 리더십이 부하 직원들에게 어떻게 인지되는지에 관심을 가지고, 지속적으로 피드백을 구하며, 이를 수용하는 능력이다. 말로는 쉬워 보이지만 이를 실천하기란 결코 쉽지 않다. 하버드 대학교에서 명강의로 유명한 로버트 스티븐 캐플런Robert Steven Kaplan이 자신의 저서 『사람을 이끄는 힘』에서 언급한 "피드백을 받지 못하면 부하 직원은 무능해지고, 리더는 독재자가 된다"는 말의 의미를 되새겨 볼 필요가 있다.

두 번째 편견은 '부하 직원들은 상사의 피드백을 원하지 않는다'이다. 많은 리더들이 직원들과의 신뢰 관계에 방해가 될까 염려하여 피드백 하기를 꺼린다. 글로벌 인사전문가인 조미진 씨는 『낀 세대 리더의 반란』이라는 저서를 통해 직원들은 자신이 무엇을 잘못하고 있고 더 잘할 수 있는지, 더 잘하려면 어떻게 해야 하는지를 늘 궁금해 하며, 특히 요즘 젊은 세대는 어려서부터 잘하는 것과 잘못하는 것에 대한 구체적인 피드백을 받으며 자랐기 때문에 피드백 내용을 자신의 발전에 활용하는 능력이 이전 세대보다 뛰어나다고 강조하고 있다.

기업 현장에서 피드백을 주고받는 일은 사람들을 관리하고, 사람들 간에 상호작용하는 데 있어 매우 중요한 부분이다. 피드백은 상하 관계나 직원들 사이뿐 아니라 고객과의 관계에서도 이루어진다. 이러한 피드백은 행동과 프로세스 또는 결과에 대한 사람들의 반응으로, 제공받는 당사자가 이를 잘 수용하면 자기 인식 능력을 높여 주고, 긍정적인 변화를 촉진한다.

인간 행동을 연구하는 심리학자들은 피드백이 높은 수준의 수행을 지속시키기 위해 가장 필요한 것 중의 하나라는 사실을 오래전 발견하였다. 다음은 컬럼비아 대학교 교수였던 퍼디낸드 F. 퍼니스Ferdinand F. Fournies의 『리더를 위한 코칭스킬』에 나오는 피드백과 관련된 재미있는 사례다.

볼링장에서 게임을 시작할 준비를 하고 있는 당신 모습을 떠올려 보라. 당신이 공을 던질 때마다 핀 위의 전등이 꺼지는 상황이 발생하고 있다. 당신은 핀들이 쓰러지는 소리를 듣지만 얼마나 많은 핀들이 쓰러졌는지는 볼 수가 없다. 주변을 둘러보지만 아무것도 볼 수 없자 당신은 소리친다.

"이봐요, 핀 위의 불이 꺼져 있어서 내가 어느 핀들을 쓰러뜨렸는지 볼 수 가 없어요."

핀이 있는 곳 근처에서 "핀이 두 개가 서 있습니다"라는 응답이 돌아온다. 당신은 "어느 핀이 두 개가 서 있습니까?"라고 묻지만 잘 모르겠다는 대답만 돌아올 뿐이다. 선택의 여지가 없는 당신은 볼 수 없는 핀들을 향해 다시 공을 던지지만 핀이 쓰러지는 소리를 듣지 못한다. 잠시 후에 전등이 다시 들어오고 당신은 핀들이 하나도 쓰러지지 않은 것을 보게 된다. 당신은 "차라리 잘됐군" 하며 두 번째 프레임을 준비한다. 당신이 공을 던지자 핀 위에 있는 전등이 다시 꺼진다. 화가 난 당신은 소리친다.

"이봐요, 전등을 켜든지 아니면 내게 상황이 어떻게 되었는지 말해 주시겠어요?"

당신이 이러한 상황에서 두 시간 동안 볼링을 계속 친다고 가정해 보자. 제아무리 선수라 할지라도 그리 좋은 결과를 기대하지는 못할 것이다. 그 이유는 당신이 피드백을 받지 못하기 때문이다. 당신은 자신의 행동 하나하나의 결과를 보지 못했기 때문에, 수행을 효과적으로 교정할 수가 없을 것이다.

이처럼 직원들이 불만족스러운 수행을 하는 주요 원인은 그들이 하고 있는 일에 대해 주어지는 피드백이 부족하기 때문이다. 한 연구에 따르면, 업무에서 수행이 이루어지지 않는 문제들 가운데 약 50%는 피드백의 부족 때문이라고 추정된다. 직원들은 자신들이 현재 하고 있는 일을 얼마나 잘하는지 혹은 못하는지를 알지 못한다. 만약 현재 자신들이 수행하고 있는 일을 스스로 잘하고 있다고 생각한다면, 일하는 방식을 굳이 바꿀 이유가 없지 않겠는가.

이런 경우 직원들의 업무 방식 개선과 성과 향상을 위해서는 적절한 개입이 필요하다. 그 개입 방식 중 탁월한 한 가지가 바로 피드백이다. 따라서 리더라면 직원들의 업무 수행 방식을 지속적으로 관찰하고 적절한 피드백을 꾸준히 제공해야 한다.

하지만 불행히도 가장 성과 지향적이라고 할 수 있는 기업에서조차 피드백은 말뿐이지 잘 이루어지지 않는 것이 현실이다. 그러나 탁월한 수행과 성과는 탁월한 직원들에게서 비롯되며, 탁월한 직원을 만드는 데는 피드백만 한 것이 없다. 피드백은 회사를 살리는 힘인 것이다.

지속적으로 조직을 발전시키려면 리더는 피드백을 효과적으로 활용해야 한다. 피드백이 효과를 가지려면 그것을 제공하는 사람뿐 아니라 제공받는 사람에게도 적절한 기술이 필요하다. 한마디로 잘 주고, 잘 받아야 한다. 리더가 "피드백은 리더가 부하 직원에게만 하는 것이다", "부하 직원들은 상사의 피드백을 원하지 않는다"라는 두 가지 편견에서 벗어나고 구성원 모두가 적절한 피드백 기술을 습득할 때 건강하고 성숙한 조직문화는 정착될 것이다.

강화와 강화 요인

피드백은 목표 달성을 위해 새로운 행동을 조성하거나 특정 행동의 빈도를 변화시키는 과정으로 연결된다. 이러한 일련의 과정을 심리학자들은 '강화reinforcement'라고 하며, 그 원인이 되는 행위나 사물을 '강화 요인'이라고 한다. 따라서 피드백을 효과적으로 활용하려면 강화 이론에 대해 좀 더 자세히 이해할 필요가 있다.

만약 어떤 행동과 관련해 강화가 일어났다면, 그 요인이 무엇인지 알아야 한다. 여기서 강화 요인은 크게 두 가지로 구분할 수 있다. 첫 번째 강화 요인은 어떤 사람이 특정한 행동을 함으로써 어떤 사건이 발생되는 상황과 관련이 있다. 예를 들면, 어떤 사람이 건설 현장에서 하루 동안 일하고 나서 일당을 받는 경우, 이 사람은 '하루 동안 일함으로써(행동) 일당을 번 것(사건)'이다.

여기서 사건은 두 가지 특성을 지닌다. 하나는 무언가 '없었던 것이 새로 생기는 것'이고, 다른 하나는 그것(일당)을 또다시 얻기 위해 '같은 행동을 반복하는 것'이다. 이것을 '긍정적 강화positive reinforcement'라고 한다. 여기서 '긍정적'이라고 하는 것은 무엇인가가 더해진다는 것을 의미하고, '강화'라고 하는 것은 행동의 빈도가 증가된다는 것을 의미한다. 따라서 무엇인가가 더해지더라도 같은 행동이 또다시 발생하지 않는다면 그것은 강화라고 할 수 없다.

두 번째 강화 요인은 특정 행동에 의해 이전의 혐오 자극이 없어지거나 감소하는 상황과 관련이 있다. 예를 들면, 소음이 많은 작업장에서 어떤 작업자가 귀마개를 하면 혐오 소음이 없어지거나 줄어든다. 즉, 귀마개 착용(행동)에 의해 혐오 자극이었던 소음이 감소(사건)하는 것이다. 여기서 핵심은 귀마개 착용 행동에 의해 혐오 자극이 '없어진다는 것'과 작업자가 다음의 유사한 상황에서도 '귀마개 착용 행동을 반복하게 된다는 것'이다.

이러한 사건을 '부정적 강화negative reinforcement'라고 한다. 여기서 부정적이라고 하는 것은 무엇인가가 없어지거나 감소하는 것을 의미한다. 긍정적 강화와 마찬가지로 부정적 강화 또한 행동의 증가를 의미하기 때문에 반복적인 행동으로 이어질 때 강화라고 할 수 있다.

강화 요인은 앞서 말한 대로 어떤 행동의 반복 가능성을 증가시키는 요인이다. 그리고 긍정적 강화 요인은 긍정적 결과로 인해 행동 발생 가능성을 증가시키는 요인이다. 반면에 부정적 강화 요인은 불쾌한 경험이나 상태로부터 회피하기 위해 행동 발생 가능성을 증가시키는 요인이다.

사람들은 비를 피하기 위해 우산을 쓰고, 통증에서 벗어나기 위해 진통제를 먹으며, 지각하지 않기 위해 서둘러 회의 장소에 간다. 비, 통증, 지각에 대한 상사의 비난 등은 모두 부정적 강화 요인이다. 반면 뷔페식당에서 한 접시를 비운 후에 다시 음식을 가져오는 행동은 긍정적 강화 요인에 의한 것이다.

우리는 긍정적 강화 요인을 얻고, 부정적 강화 요인에서 벗어나기 위해 행동한다. 여기서 다소 헷갈릴 수 있는 개념이 바로 '긍정적'과 '부정적'이라는 용어이다. 일반적으로 사용되는 의미와 달리, 이때의 '긍정적 강화'는 좋은 것, '부정적 강화'는 나쁜 것을 의미하지 않는다. 긍정적 강화는 가치 있는 요인이 더해지고, 부정적 강화는 혐오 요인이 제거되는 것을 뜻한다.

피드백에 있어서 강화는 매우 중요한 요인이 된다. 어떤 행동을 새롭게 조성하거나 증가시키기 위해, 혹은 잘못된 행동을 소거하거나 감소시키기 위해 강화의 원리와 강화 요인을 적절히 사용할 때 피드백의 효과를 볼 수 있기 때문이다. 강화를 수반하지 않는다면 피드백은 효과성이 떨어지고 단순한 잔소리로 그칠 가능성이 높다.

03

핀 포인팅

앞서 살펴본 강화 다음으로 사람들의 행동을 변화시키는 데 필요한 가장 중요한 스킬은 '핀 포인팅'이다. 관리자들이 피드백을 할 때 가장 중요하게 생각해야 할 것이 있다. 행동에 집중하는 것이 바로 그것이다. 여기서 행동이란 측정 가능하고, 결과와 연계성이 높은 단위 행동을 말한다. 이러한 행동을 '정확하고 구체적'으로 잡아내는 것을 핀 포인팅pin-pointing이라고 한다. 즉, 관리자가 원하는 것을 정확하게 정의하고, 구체적인 행동을 '콕' 찍어서 자세하게 표현하는 것을 말한다.

하지만 불행히도 많은 사람들이 자신은 정확하고 구체적으로 상대방의 행동 변화를 요구한다고 믿고 있지만, 실제로 그 대상이 되는 사람들은 행동을 어떻게 변화시켜야 할지 정확히 알지 못하는 경우가 많다. 예를 들면, 관리자가 직원에게 "근무 태도를 바꾸어야 합니다"라고 말하는 것은 어디서나 쉽게 듣지만, 이런 말만 듣고 직원들이 근무 태도를 바꾸기란 사실상 쉽지 않다. 또는 "지금 하고 있는 일에 좀 더 집중하세요", "불량이 나지 않도록 하세요", "조심성 있게 작업하세요"와 같은 말들도 앞서 언급한 것과 비슷한 문제를 안고 있다. 이러한 표현들은 직원들이 행동을 구체적으로 어떻게 변화시켜야 하는지 전혀 감을 잡을 수 없게 한다.

관리자들이 직원들의 직무 수행에서 어떤 변화를 원한다면, 그 성공 열쇠는 관리자들이 원하는 것을 정확하게 정의하고 핀 포인팅 하는 것으로부터 시작될 수 있다. 예를 들면, "어떻게 하든지 상관하지 않을 테니 일을 끝내!"와 같은 지시는 일을 끝내기 위해서 직원들이 어떠한 행동을 해야 하는지 알고 있다고 가정하고 내리는 지시인데, 이는 올바른 지시라고 할 수 없다. 심지어는 "일을 어떻게 끝내야 하는지 내가 말해 주어야 할 것 같으면 직원들에게 월급을 주면서 일을 시킬 이유가 없지"와 같이 말하는 관리자들도 있다.

안타깝게도 실패한 조직에 관한 문헌들을 살펴보면, 이러한 유형의 지시가 조직 내에 만연해 있다는 것을 알 수 있다. 최악의 관리 방식 중 하나가 사장이 직원들에게 업무 수행을 지시하면서 어느 수준까지 원하는지에 대해서는 단지 "나중에 내가 보면 알아"

라고 말하는 것이다.

다음은 한국능률협회컨설팅에서 발행하는 월간 『혁신리더』 2014년 11월호에 소개된 기업에서 핀 포인팅을 적용한 사례의 글들이다.

"근무 태도를 바꾸세요."

"열심히 하세요."

"책임감을 가지세요."

"업무에 집중하세요."

"주인 의식을 가지세요."

이러한 말들은 회사에서 흔히 듣는 것이지만, 공사 현장의 '안전 제일'이라는 표어처럼 공염불로 그치기 십상이다. 현장에서 리더 십을 발휘하고 행동의 변화를 일으키기 위해서는 매우 구체적이고 정확하게 표현해야 한다. 그렇다면 어떻게 표현해야 두루뭉술한 표현이 아니라 핀 포인팅이 가능할까? 먼저 핀 포인팅의 조건에 대해서 살펴보자.

첫째, 핀 포인팅은 측정 가능해야 한다. 예를 들면, 임원을 만난 횟수, 콜수, 설문 건수, 제안 건수 등 누구나 관찰 가능하고 측정 가능한 것이어야 한다. 둘째, 핀 포인팅은 신뢰도가 있어야 한다. 둘 이상의 독립된 관찰자가 측정 및 검증했을 때 신뢰도 있는 상관관계를 보여야 한다. 셋째, 핀 포인팅은 통제 가능해야 한다. 즉, 대상의 행동을 핀 포인팅 해서 결과를 도출하도록 통제할 수 있어야 한다. 이 과정의 지표를 KPI에 반영할 수 있어야 한다. 중요한 것은 결과의 KPI가 아니라 실행의 KPI가 필요하다는 것이다. 그것이 조직 내에 시스템화 될 때 행동으로 이어질 수 있다. 리더들이 원하는 결과에 대해 정확하게 표현할 수 없다면, 구성원들의 수행을 적절하게 강화해 주는 것이 어렵게 된다.

또한 핀 포인팅은 피드백을 전달하는 데도 필수적이다. 사람들은 자신들의 행동과 관련해 유용한 정보를 필요로 한다. 그것이 바로 피드백이다. 적절한 피드백은 사람들의 수행에 대해 정확히 핀 포인팅 할 때만 가능하다.

핀 포인팅의 또 다른 역할은 잠재적인 의사소통 기능에 있다. 모호하고 일반적인 서술보다는 특정하고 구체적인 행동이나 결과로 서술된 목표나 문제들은 사람들로 하여금 이해력을 높이고, 적절히 행동하게끔 이끈다.

『직무수행관리Performance Management』의 공동 저자 오브리 C. 대니얼스Aubrey C. Daniels와 제임스 E. 대니얼스James E. Daniels는 핀 포인팅이 충족시켜야 할 기준들을 나열한 체크리스트를 [표4-1]과 같이 제시하였다. 이를 사용하여 강화시키려는 것이 핀 포인트된 것인지 확인할 수 있다.

[표 4 - 1] 핀 포인트 체크리스트

> 다음의 각 질문에 '예' 혹은 '아니요'로 답하시오. 만약 적절한 핀 포인트를 하고 있다면 3번부터 7번까지 모두 '예'라는 답이 되어야 한다. 하나의 질문 이라도 '아니요'라고 응답했을 경우 핀 포인트를 수정해야 한다. 만약 핀 포 인트를 수정할 수 없다면 멈추고 새로 시작해야 한다.

핀 포인트:

이름:

	예	아니요
1. 결과입니까?		
2. 행동입니까?		
3. 측정 가능합니까?		
4. 관찰 가능합니까?		
5. 두 명의 관찰자의 결과가 일치합니까?		
6. 수행자가 통제 가능합니까?		
7. 활동적인 수행입니까?		

※ 만약 행동 혹은 결과가 아니라면 핀 포인트가 아니다.

강화와 피드백

피드백 제공이 곧바로 수행의 향상으로 직결되는 것은 아니다. 수행이 향상되려면 강화가 일어나야 한다. 즉, 피드백에 뒤따르는 수행의 향상은 강화의 수반을 전제로 한다. 물론 수행자가 수행에 대해 체계적인 피드백을 제공받지 못한 경우에도 피드백의 제공과 동시에 즉각적인 향상을 보이기도 한다. 이것이 대부분의 사람들에게는 피드백으로 인한 수행 향상의 결과로 여겨진다.

그러나 피드백만으로는 수행을 바꾸지 못한다. 그보다는 피드백과 직접적으로 관련된 결과 또는 미래에 기대되는 결과 때문에 수행에 변화를 가져온다고 볼 수 있다. 만약 피드백 제공이 특정 결과의 도출과 상관없다면, 수행은 향상되지 않거나 향상된다 해도 단지 일시적일 확률이 크다.

발카자르Balcazar, F. E와 동료들 E., Hopkins, B. L. & Suarez. Y이 피드백, 피드백과 결과, 피드백과 목표 설정을 적용한 연구들을 비교한 결과, 피드백만 제공되었을 때 가장 낮은 효과를 나타냈다. 또한 일겐Ilgen, D. R과 피셔Fisher, C. D와 테일러Taylor, M. S는 행동에 대한 피드백의 효과에 관한 연구에서 피드백의 효과는 개인이 보상을 예측할 수 있는 수준과 관련이 있다고 주장했다. 아울러 그들은 피드백의 증가로 동기가 증가한다는 단순한 결론도 상당히 의심스러우며, 피드백과 강화는 상당히 다른 개념이고, 동기 유발은 피드백이 아닌 강화에 의한 것일 수 있다고 제안했다.

차이니스Chapanis. A의 연구는 피드백 하나만으로는 수행에 대한 어떤 효과도 없다는 것을 밝혀냄으로써 이 결론을 지지한다. 그의 실험에서 참가자들은 종이에 구멍을 뚫는 지루한 펀치 작업을 해야 했다. 피드백의 양은 집단마다 다르게 제공되었다. 이 연구에서 중요한 점은 수행에 대해 어떠한 강화도 주어지지 않았다는 것이다. 마치 사람들이 잘하든지 서투르게 하든지 전혀 상관없다는 듯이 행동했다. 사람들은 수행 수준이 아니라 시간 단위에 따라서 임금을 받았다. 그러므로 행동에 대한 강화는 없었다. 그 결과 피드백 제공 여부와는 상관없이 사람들의 수행이 증가하지 않은 것으로 나타났다. 따라서 차이니스Chapanis. A는 강화가 없는 피드백은 수행을 증가시키지 않는다고 결론 내렸다.

이처럼 피드백은 수행을 최대화하는 데 필요조건이 될 수는 있으나 충분조건이 되기에는 불충분하다. 피드백과 함께 수행을 강화시키는 강화 요인이 동반될 때 좋은 효과를 기대할 수 있다

긍정적 행동 강화

부모와 아이, 관리자와 부하 직원, 부부 관계 등에서 내가 싫어하는 행동을 상대방이 할 때의 반응은 다음과 같이 매우 빠르다.

"빨리 가서 자렴. 잘 시간이 지났잖니"
"오늘도 지각했군. 제시간에 좀 출근하게."
"양말을 자기 손으로 치우는 적이 한 번도 없다니까!"

우리는 상대에게 반복되지 않았으면 하고 바라는 행동에는 어김없이 반응한다. 그리고 너무나 많은 관심과 피드백을 여기에 쏟아 붓는다. 그러나 이렇듯 실수를 찾아내는 일보다 바람직한 방법이 있다. 반복되기를 희망하는 긍정적인 행위를 더욱 강화하는 쪽에 초점을 맞추는 것이다. 잠자리에 들 시간이 지났는데도 자려 하지 않는 아이를 꾸짖는 대신 좀 더 빨리 잠자리에 들도록 무언가 특별한 것을 준비하는 것은 어떨까? 예정에 없던 일을 처리하느라고 정해진 시간보다 일찍 나와 일하는 직원에게 당신은 고마운 마음을 표현해 본 적이 있는가? 배우자가 설거지나 청소를 하는 것을 보고 칭찬해 준 적이 언제인가?

긍정적인 피드백과 관련하여 미국 샌디에이고에 자리한 시월드는 이 분야에서 타의 추종을 불허한다. 동물을 조련할 때 조련사들은 항상 잘한 행동에 중점을 둔다. 시월드 동물대사에 임명된 줄리 스카디나의 인터뷰 내용을 통해 우리는 시월드의 탁월한 동물 조련 방식을 엿볼 수 있다.

우리는 흥미와 재미, 그리고 격려가 넘치는 환경을 조성하도록 애쓰고 있어요. 우리는 반복되었으면 하고 바라는 행동에 주의력을 집중시킵니다. 동물들의 실수를 크게 문제 삼지 않습니다. 심하게 해봤자 다른 곳의 중간 정도도 안 되는 선이죠. 실수에 신경 쓰지 않는 것은 효과적인 훈련 방법이라고 할 수 있어요. 동물들이 훈련 자체를 두려워하면 그들은 기가 죽고 결국 방어적이 되거나 공격적으로 변할 수 있어요. 우리는 동물들과 조련사의 관계가 나빠지지 않도록 시스템적으로 관리하고 있습니다. 대신 긍정적인 관계를 계속해서 강화하는 데 역점을 둡니다.

우리에게 시월드의 조련사 같은 관리자만 있다면 얼마나 좋겠는가? 하지만 우리들 대부분은 잘해낸 일보다 문제만 파고드는 시스템 속에서 일하는 경우가 많다. 사람들은 잘하는 모습을 보여주고 싶어 한다. 일을 망치거나 실수했을 때는 그 즉시 문제가 되지만, 몇 주에 걸쳐 밤낮없이 열심히 해낸 프로젝트에는 어느 누구 하나 신경 쓰지 않는다고 불평하는 소리를 자주 듣곤 한다.

스포츠 경기를 떠올려 보자. 야구 경기에서 타자가 홈런을 쳤는데 관중석에서 아무런 응원 소리도 들리지 않는 장면을 상상할 수 있겠는가? 만약 경기를 지켜보던 팬들이 이렇게 말한다면 어떨까?

"밥 먹고 매일 하는 일인데, 자기 할 일을 하는 것뿐인데 내가 왜 응원을 해야 하죠?"

그렇다면 스포츠 경기를 관람할 때는 환호하는데, 왜 일터에서는 자기가 맡은 일을 훌륭하게 해내는 직원들을 보고도 특별한 관심을 기울이지 않는가? 우리가 팀원들에게 줄 수 있는 최고의 피드백은 최선을 다해서 좋은 성과를 냈을 때 조금은 호들갑스러울 정도로 칭찬을 듬뿍 주는 것이다. 직원에게 "보고서 고마워. 꼭 필요했던 건데 도움이 많이 됐어!"라고 한마디 건네는 게 뭐 그리 어려운 일인가? 칭찬은 고래도 춤추게 한다!

5장

성과 관리와 피드백

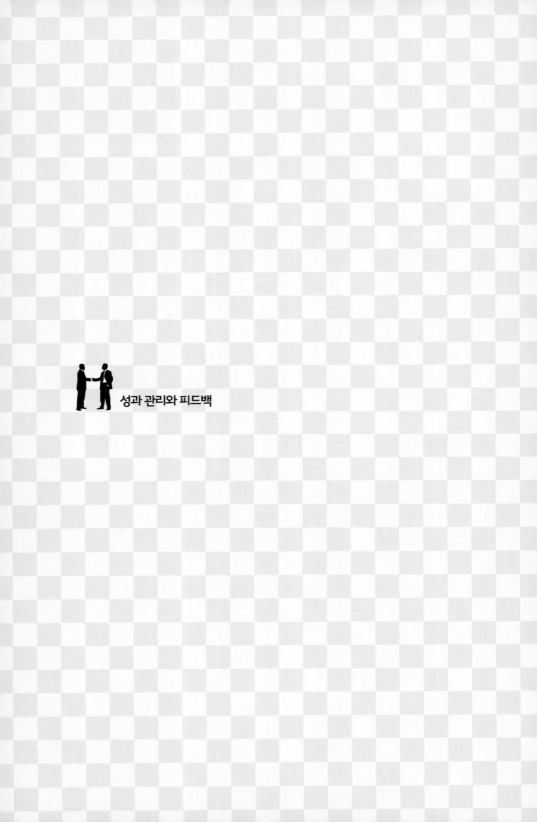

성과 관리와 피드백

피드백을 원하지 않는 이유

직원들이 피드백을 원하지 않는 이유는 지난번에 받은 피드백이 영 신통치 않았기 때문이다. 아마도 무시를 당했거나 "그래, 그 정도면 괜찮아!"라는 무심한 말을 들었을지도 모른다. 아니면 몇 달 동안 쌓아 놓았던 피드백을 댐의 수문이 열리듯 한꺼번에 받았을지도 모르겠다. 어쨌든 지난번에 적절한 피드백을 받지 못한 그들은 같은 상처를 두 번 다시 받고 싶지 않을 것이다.

혹은 피드백을 바라는 것은 자신이 약하다는 것을 인정하는 것이나 마찬가지라고 생각하기 때문인지도 모른다. 때때로 다른 사람들에게서 피드백을 받고 싶어 하는 사람은 처지가 딱하다거나 불완전하다거나 골칫거리 정도로 취급되기도 한다. 만약 어떤 운동선수가 피드백을 요청하는 일이 자칫 스스로를 문제아로 낙인찍히는 것이라고 우려한다면 그는 절대로 피드백을 요구하지 않을 것이다.

어떤 경우에는 피드백의 필요성을 아예 느끼지 않기 때문에 요구하지 않는 경우도 있다. 혹은 항상 부정적인 피드백만 받아 왔다면 아무런 피드백이 없는 것을 오히려 긍정적인 결과로 받아들이기도 한다. 이런 사람들은 '무슨 말을 하는 사람이 없는 것을 보니 이번에는 내가 잘못한 게 없나보군' 하며 혼자 지레짐작으로 결론을 내린다.

그렇다면 관리자 입장에서 생각해 보자. 그들이 직원들에게 피드백을 제공하지 않는 가장 큰 이유는 시간과 에너지가 들기 때문일 것이다. 만약 당신 아이가 그림 좀 봐달라며 이리 뛰고 저리 뛰며 졸라대는데, 당신은 서류 가방을 던져 놓고 넥타이부터 풀고 싶은 심정이라고 가정해 보자. 이럴 때 인내심을 발휘하여 아이의 그림으로 먼저 시선을 돌리기란 쉽지 않다.

직장에서도 마찬가지다. 다른 일로 정신없이 바쁜데 직원들 한 명 한 명의 자리를 둘러보고 다니며 그들이 하는 일에 일일이 코멘트를 해줄 짬을 내기란 쉽지 않다. 그러나 중요한 일이라며 맡겨 놓고는 그에 걸맞은 피드백을 제공하지 않는 것은 관리자로서 책임을 다하지 않는 행동이다. 적절한 피드백은 직원들을 보다 뛰어난 인재로 만드는 가장 유용한 툴임을 잊지 말자.

일곱 살짜리 아이는 부모가 하던 일을 멈추고 그림을 봐줄 때까지 조르기를 멈추지 않는다. 그런데 왜 직장인들은 자신의 성과라는 그림을 관리자에게 조르며 보여주고 싶어 하지 않을까? 관리자들 역시 왜 잠깐 멈추어 서서 이 그림을 보려 하지 않을까?

1_ 피드백 제공 시 유의점

피드백은 전반적인 문제 또는 변화의 필요성에 대해 관리자의 입장을 주장하기보다 구체적인 행동에 반응을 보인다는 점에서 옹호나 지지와는 다르다. 사람들과 피드백을 주고받는 것은 일반적으로 관리의 핵심적인 부분이지만, 특히 코칭의 중요한 부분이기도 하다. 피드백을 주고받는 일은 처리해야 할 문제의 쟁점을 파악하고, 실행 계획을 함께 수립하며, 결과를 평가하는 코칭 프로세스 전반에 걸쳐 계속된다. 긍정적인 일에 대해서든 부정적인 일에 대해서든 피드백을 할 때는 다음 사항에 주의하기 바란다.

- 성품, 태도, 성격이 아니라 행동에 초점을 맞추도록 한다. 상대의 행동과 그 행동이 프로젝트 또는 팀원들에게 미치는 영향을 기술하라. 예를 들어, "○○씨는 너무 무례하고 거만하군요"라고 말하기보다는 "나는 지난번 세 차례 회의에서 ○○씨가 여러 번 다른 동료들의 말을 자르는 것을 보았어요"라고

말하라.

- 구체적이어야 한다. 상대에게 "정말로 잘했어요"라고 말하기보다는 "프레젠테이션에서 사용한 동영상은 메시지를 전달하는 데 효과적이었어요"라고 말하라.
- 진실한 마음으로 임해야 한다. 상대의 개선을 도와주겠다는 분명한 의도를 가지고 피드백 하라.
- 현실적이어야 한다. 상대방이 노력하면 수행할 수 있는 범위 내에서 피드백 하라. 아무리 노력해도 불가능한 일에 대한 피드백은 아무런 효과가 없다.

2_ 적절한 피드백 제공 시점

관리자들은 필요한 문제가 생겼을 때 즉시 그 자리에서 피드백을 제공하는 경향이 있다. 이때는 모두가 이 문제에 대해 생생하게 인식하고 있기 때문에 즉각적인 피드백이 매우 유용할 수 있다. 하지만 관리자에게서 필요한 사실과 정보를 얻기 전이나 구성원들의 감정이 동요되고 불안정한 상태에서는 즉각적인 피드백이 좋지 않은 결과를 가져올 수도 있다.

피드백을 제공하는 적절한 시점을 찾는 것은 생각보다 쉬울 수도 있다. 피드백이 이루어지기에 적합한 순간을 인식하는 훈련을 하면 된다. 바로 다음과 같은 상황이 발생했을 때 피드백을 제공하라.

- 업무 능력이 뛰어나거나 프로젝트를 성공적으로 완료하거나, 훌륭한 행동을 한 경우를 인식할 줄 알아야 한다. 긍정적인 피드백은 충분히 제공되지 못하는 경우가 많은데, 이러한 피드백을 제공했을 때의 유익은 매우 클 수 있다.
- 개인의 기술을 성공적으로 향상시킬 가능성이 높을 때 피드백을 제공하라. 학습 기술은 개인의 습관이나 성격보다 변화 가능성이 더 크다.
- 개인의 행동이 팀이나 조직에 부정적인 영향을 미쳐 그 문제를 좌시할 수 없을 때 피드백을 제공한다. 이때 피드백을 받는 상대의 자존감을 위협하지 않을수록 상대방의 학습과 성장 및 변화에 더 긍정적인 영향을 미칠 수 있다.

피드백이 필요한 상황에서는 다음과 같이 유연성을 발휘하여 제공하라.

- 상대가 개선하거나 강화하기를 원하는 행동을 관찰한 후에는 가능한 한 빨리 피드백을 제공하는 것이 유용할 수 있다.
- 피드백을 받는 직원과 쟁점을 토의하기 전에 필요한 모든 정보를 수집할 때까지 기다릴 필요가 있다.

• 상대를 관찰한 행동이 매우 못마땅하다면 당신 자신 혹은 주위 사람들을 진정시킬 시간이 필요하다.

적절한 피드백 제공 시기를 결정하는 것은 안건의 상황과 피드백 하는 사람에게 달려 있다. 더불어 상대가 피드백을 받아들일 준비가 되어 있는지도 중요하다. 만일 그렇지 않다면 상대가 당신의 피드백에 귀를 기울이지 않을 가능성이 높기 때문이다. 상대가 어느 정도 준비가 되었을 때 적절한 피드백을 하는 것이 가장 효과적인 피드백 타이밍이다.

피드백 스타일에 따른
리더의 유형

직원들의 역량을 향상시키고 성과를 내는 데 있어서 직원들을 대하는 리더의 태도는 매우 중요하다. 리더로서 당신은 어떤 태도의 소유자인가? 태도라는 것은 우리가 우리 자신을 표현하는 방식과 이러한 방식을 지배하는 정신적 성향이라 할 수 있다. 즉, 우리의 태도나 행동은 우리 생각의 산물이라 할 수 있다. 우리가 어떤 생각이나 가치관을 지니고 있느냐에 따라 우리의 태도와 행동은 결정되기 때문이다.

리더는 태도 유형에 따라 명확한 의견을 가지고 그것을 신속하게 표현하는 사람이 있는가 하면, 과묵하며 어떠한 것을 받아들이는 데 느리고 조심성이 많은 사람도 있다. 모든 사람을 인정하며 모두가 자신을 인정해 주기를 바라는 사람이 있는가 하면, 결단성 있고 도전적이며 자기주장이 강하지만 공격적이지 않고 실리적이며 원칙주의적인 사람도 있다. 이러한 리더의 태도는 직원들에게 크고 작은 영향을 준다. 따라서 리더는 어떤 태도가 자신이 원하는 방향으로 직원들을 지도하고 개발해 가는 데 가장 긍정적인 영향을 미치는지를 아는 것이 매우 중요하다.

다음은 필자의 코칭 경험을 바탕으로 리더의 피드백 유형을 분류한 것이다. 리더의 태도가 부하 직원에게 어떤 영향을 미치는지 살펴보자.

1_ 유형 1 - 비평가형 리더 A

A는 상품개발 담당자 시절에 역량과 실적이 탁월해 단기간에 리더로 승진한 경우에 해당한다. A의 팀에는 많은 상품개발 담당자와 디자이너들이 소속되어 있었지만, 그녀의 커뮤니케이션 스타일은 자기 할 말만 하는 독재자 유형이었다. 또한 사람들 앞에서 말하는 것을 좋아했고, 마음에 들지 않는 것을 직설적으로 내뱉었으며, 직원들의 잘못을 바로 지적하는 경우가 많았다. 그녀는 스스로를 긍정적이라고 소개했지만, 몇 번의 코칭을 통해 그녀가 긍정적인 리더가 아니라는 것을 쉽게 알 수 있었다.

A는 직원들이 자신의 방식대로 하지 않는 것을 못마땅하게 여겼

고, 쉽게 흥분했다. 그런 태도로 인해 A의 팀에는 상처받는 직원들이 많았다. 특히 그녀는 직원들의 업무적 미숙함이나 과실뿐 아니라 인격적인 면까지 외부에 발설하고 비난하는 경우도 있었다.

A는 철저히 결과를 중심으로 직원들을 관리했다. 그러나 직원들이 업무를 수행해 나가면서 어떤 일에 어려움을 느끼고, 무슨 일이 일어나고 있는지에 대해서는 아무것도 알려 하지 않았다.

A의 팀은 그녀가 근무하는 동안 많은 갈등과 문제를 일으켰고, 정체에서 벗어나지 못했다. 그녀가 리더로 근무하는 기간 동안에 오히려 타 부서에 비해 이직률이 높았다. A는 계속해서 유능한 직원들을 잃었고, 그들을 대체하는 일에 많은 시간을 허비하고 있었다.

결국 A의 팀은 사기가 떨어졌고, 직원들의 불평과 핑계는 팀 내에서 흔히 볼 수 있는 일이 되었다. 일부 직원들은 A의 지시대로 현장에서 실행했지만, 예외적인 상황이 발생했을 때 스스로 대처하거나 적용할 수 있는 방법들이 없었기 때문에 좋지 않은 결과로 이어지는 경우가 빈번했다. 그러나 그녀는 그것이 자신 탓이라고 생각하지 않았다. A는 전형적인 비평가 유형의 리더였다.

2_ 유형 2 - 운명론자형 리더 B

B는 회사가 지향하는 목표나 목적들을 직원들에게 전달하는 일

에 충실한 사람이었다. 다시 말해, 회사 경영진의 직원들에 대한 요구사항이나 회사 비전, 회사가 무엇을 중요시하고 우선시 하는지에 대해 늘 강조하고 설명하려 애썼다. 그런데 B는 성과를 내고, 회사 정책들을 준수하는 이상 그들이 무엇을 하고, 어떻게 하는지에 관해서는 별로 관심이 없었다. B는 대개 경력직 직원들을 채용했기 때문에 어떠한 관리나 피드백도 필요치 않다고 생각하는 듯했다. 그는 적절한 사람을 발견하여 채용하기만 하면 역량 개발이나 성과 향상을 고민할 필요가 없다고 생각하는 것처럼 보였다.

B는 영업 본부 내에 비중 있는 지역을 책임진 팀장이었다. 하지만 B는 직원들과 함께 현장을 동행하는 경우가 거의 없었다. 또한 직원들이 고객을 응대하거나 관리하는 것을 관찰하거나 그들이 하고 있는 업무에 대해 지도도 해주지 않았다. 그는 단지 매월 마감 직후 팀의 할당량에 대한 진척 상황만 알려 주었을 뿐 그에 대해 영업 사원들과 구체적으로 이야기를 나누는 경우도 거의 없었다.

영업 회의에서도 B는 회사 정책과 제도의 준수 그리고 상부 경영진들이 원하는 것을 강조했다. 또한 영업 사원들에게 제품에 관한 지식만 강조할 뿐 영업 사원의 성과에 영향을 미치는 것에 대해서도 피드백이 없었다.

많은 영업직 직원들이 자신이 취급하는 제품에 관해서는 적절히 이해하지만, 고객과의 신뢰 구축이나 니즈와 가치에 부응하는 것의 중요성은 잘 이해하지 못한다. 만약 최고의 영업 사원이 되기 위해서 필요한 것이 제품에 관한 지식뿐이라면, 컴퓨터 프로그래머는 분명히 컴퓨터 시스템에 있어서 최고의 영업 사원일 것이고, 자동차 정비사들은 최고의 자동차 판매원이 될 것이다.

그러나 대부분 컴퓨터 프로그래머와 자동차 정비사들은 최고의 영업 사원이 되지 못한다. 이처럼 고객과의 관계에서 신뢰를 구축하는 것, 어떤 문제에 대한 해결책이나 대안을 분석하는 것, 자사의 제품이나 서비스가 어떤 가치를 제공하는지를 보여주는 것이 전문적인 영업 사원들이 하는 일이다. 제품에 관한 지식은 이 과정에서 단지 작은 부분에 불과하다.

B는 영업 회의에서 단순히 제품에 관한 지식, 회사 정책과 업무 절차 그리고 실적 집계 외에 그 어떤 피드백도 제공하지 않았다. 영업 사원들이 성장하고 성과를 내기에는 충분치 않은 것이었다. B와 함께 근무한 기간 동안 영업 사원들 사이에는 일종의 '아무려면 어때'라는 태도가 팽배해져 갔고, 열정도 거의 사그라진 듯 보였다.

B의 팀은 이직이 많지는 않았지만, 성과 수준은 보통이었다. 성과나 활동에 따른 처벌이나 보상은 거의 없었다. 영업 사원들의 생산성은 평범했다. 보다 높은 성과 수준에 대한 아쉬움이 남았다. 구성원들 대부분은 영업 활동이나 성과에는 별로 도움이 되

지 않는 일들에 소비하는 시간이 많았다. 하지만 B는 관여하지 않았다. 그는 어떤 새로운 시도나 개입이 영업 사원 개인이나 팀에 별 도움이 안 될 것이라고 생각했다. 그는 마치 운명론자 같은 태도를 지니고 있었다.

3_ 유형 3 - 치어리더형 리더 C

세 번째 사례인 C 역시 영업 팀장이었다. 모든 팀원들이 C를 좋아했고, C도 모든 팀원들을 좋아했다. A나 B와는 달리 많은 영업 사원들이 팀장으로 인해 즐거워했다. C는 영업 사원들과 함께 다니는 것을 무척 좋아했다. 그는 항상 긍정적이었다. 가끔은 사안의 성격상 영업 사원과 일대일 대응이 필요하다고 느낄 때도 있었지만, C는 어떠한 경우에도 영업 사원들과 대립하지 않았다. 영업 사원들이 무엇을 하든, 그것을 못 본 체하거나 격려하거나 둘 중 하나였다. 그는 매월 마감 결과를 가지고 잘한 영역에 대해서는 칭찬해 주었고, 잘못한 부분에 대해서는 묵인하거나 격려해 주는 편이었다. 영업 회의는 길게 진행되었지만 두서가 없었고, 판매 경험이나 사례를 공유하는 것과 같이 영업 활동에 도움이 되는 것은 거의 없었다.

C와 함께 일하는 것을 모두가 즐거워했지만, 그가 담당하는 지점은 목표를 달성하지 못했다. 영업 사원들은 C에게 판매에 대한

조언을 구하러 가도 자신이 원하는 것을 얻어낼 수 없었다. C는 자신이 영업 사원들에게 부정적으로 보이거나 그들과 갈등을 겪을까봐 두려워하는 사람 같았다.

C는 치어리더 같은 유형의 사람이었다. 그는 영업 사원들에게 가끔은 필요하지만, 항상 필요한 것은 아니었다. 영업 사원들은 C를 좋아했지만, 자신과 조직의 영업 실적이 그다지 성장하지 않고 있다는 것을 곧 알게 되었다. 그 후 영업 사원들의 이직률은 크게 증가하기 시작했다.

4_ 유형 4 - 코치형 리더 S

네 번째 유형인 S는 매우 활동적이며, 결단력 있는 서비스팀의 팀장이었다. S는 따뜻하지만 도전적인 태도를 지니고 있었다. 직원들의 성장에 관심이 많고, 직원 개개인이 유능하고 탁월해지기를 원하는 사람이었다. 비록 가끔 거칠어 보이기는 했지만, 항상 공정하려고 노력했다.

처음에 직원들은 그와 함께 일하는 것을 꺼렸다. 왜냐하면 S가 현장의 서비스 엔지니어나 상담 직원들이 어떻게 일하는지 꿰뚫고 있었기 때문이다. 그는 리더로서 기대하는 바를 직원들에게 숨김없이 명확하게 전달했다. 그는 리더로서 매출과 서비스 품질에 대한 책임감을 가지고 직원들과 함께 현장에서 시간을 보내고,

그들을 관찰하며 지켜보았다. 그는 시간이 지남에 따라 직원들을 비판하는 대신 그들이 무엇을 잘하고 있는지, 무엇을 다르게 할 필요가 있는지를 판단한 후에 직원들에게 알려 주었다. 설령 많은 경험이 있는 유능한 직원이라 하더라도 그들이 어떻게 개선하고 성장할 수 있는지를 보여줌으로써 직원들에게 많은 교훈을 주었다.

S는 일대일 피드백에 대한 믿음이 있었다. 그는 직원들이 잠재능력을 개발해 최대의 성과를 내도록 많은 도움을 주었다. 그는 직원들과 매주 만나 지난주에 한 일과 달성한 결과들에 대해 이야기를 나눴다. 직원들이 세운 다음 주 계획과 목표에 대해서도 이야기했다. 그뿐 아니라 S는 월례 회의를 통해 직원들이 현장에서 필요로 하는 특정 기술에 대해서도 집중하고 공유할 수 있는 기회를 제공했다.

그것은 곧 직원들의 성장과 고객 만족도로 나타났다. 비록 그의 스타일을 모든 팀원들이 좋아하는 것은 아니었지만, 그는 팀원들이 최고가 되도록 만드는 일에 관심이 많은 사람이었다. 그 결과, 직원들은 S와 함께 일하는 동안에 불가능할 것이라고 여겼던 최고의 기록에 도달할 수 있었다.

역량과 성과에 따른
피드백

효과적인 피드백을 하기 위해서는 구성원의 역량과 성과에 따라 피드백이 적절하게 제공되어야 한다. 또한 조직의 공동 목표와 전략에 맞게 이루어져야 한다. 그러기 위해서는 무엇보다 피드백을 장려하는 조직 환경과 서로 간에 신뢰할 수 있는 분위기가 조성되어야 한다. 또한 상대에 대한 지속적인 관찰과 명확한 기대 전달이 뒷받침되어야 한다.

당신의 조직에 피드백이 거의 없다는 것은 현재에 안주하고 있거나 발전 가능성이 없다는 명백한 증거다. 대부분의 직원들은 성과에 관한 피드백을 받으면 추진력이 생기는 경향이 있다. 그래서 그들은 끊임없이 피드백을 구한다. 특히 높은 성과를 달성하는 직원들과 최근 회사에 입사한 직원들은 피드백에 더욱 목말라한다. 피드백은 높은 성과를 달성하는 데 있어서 매우 중요한 역할을 담당하며, 직원들의 행동을 구체적으로 개선시킨다.

조직은 목표에 도달하기 위해서 같은 지향점을 향하고, 동일한 행동 지침에 따라 움직일 것을 요구한다. 이러한 합의점이 없다면, 직원들은 저마다 제각기 움직이며 엉뚱한 결과를 낳게 될 것이다. 이렇게 조직이 목표를 향해 한 방향으로 매진하기 위해서는 직원들로 하여금 고도의 집중력과 지속적인 커뮤니케이션, 생산적인 피드백 등을 요하게 된다.

그렇다면 생산적인 피드백이란 무엇일까? 대부분의 관리자들이 피드백을 직원들과 일반적으로 나누는 대화 정도로 인식하는 경우가 많다. 하지만 최근의 성과 지향 조직에서 피드백은 훨씬 더 복잡한 양상을 띠며, 그 중요성이 더욱더 강조되고 있다. 그럼에도 불구하고 직원들에게 질문해 보면 대부분이 일 년에 한두 번 정도 공식적인 성과 관리 회의를 통해 관리자들로부터 평가받는 것쯤으로 생각하고 있었다.

필자가 만난 대부분의 직원들은 실제로 더 많은 피드백을 받기를 바라고 있었다. 오늘날에는 한 직장에서 다양한 세대가 함께 어우러져 일하기 때문에 피드백에 대한 기대치나 그에 대한 행동 양식 역시 매우 다양하다. 피드백이 바람직하지 않은 것이라고 생각하는 관리자는 없다. 하지만 직원들에게 피드백 하지 않거나 반대로 본인에 대한 피드백을 받지 않는 이유는 다음과 같이 매우 다양하다.

- 관리자가 자신의 생각을 말하는 것에 관심이 없는 경우
- 관리자가 잘못한 일이 있으면 주위에서 말해줄 것이라고 생각하는 경우
- 괜히 직원들에게 피드백 했다가 관계만 서먹해질 것이라고 생각하는 경우
- 피드백을 할 만한 시간이 없다고 생각하는 경우
- 연간 실적 평가만으로 피드백이 충분하다고 생각하는 경우
- 피드백 하지 않아도 별로 문제될 것이 없다고 생각하는 경우

하지만 조직의 높은 성과를 기대한다면 무엇보다 다음과 같은 질문들을 해볼 필요가 있다.

- 우리 조직은 전반적으로 피드백을 잘하는가? 그렇지 않은가?
- 과거에 피드백을 실행하려 했다가 실패한 적이 있는가?
- 직원들은 설문 조사나 익명의 의견 개진과 같은 방법으로 피드백을 요구하고 있는가?
- 경영 전략과 직원들의 성과를 연계하여 검토하는 양질의 피드백을 충분히 제공하고 있는가?

- 진심으로 피드백이 가치 있는 일이라 생각하는가?

그러고 나면 조직 내에서 피드백이 진행되는 데 방해 요인으로
작용하는 것이 무엇인지 면밀히 살펴보아야만 한다. 다음과 같이
현재의 조직 시스템이나 문화에 대해 찬찬히 되짚어 보라.

- 관리자들은 직원들과 빈번히 대화하며, 소통은 원활한가?
- 직원들은 자신들이 가지고 있는 정보나 새로운 아이디어를
  다른 직원들과 충분히 나누는가?
- 동료나 상사에게 충고하는 것이 쉽게 허용되는가?

다음은 직원들이 피드백에 참여하지 않는 가장 일반적인 이유
들이다.

- 개인과 팀이 과거의 방식에 얽매여 있다. 이는 과거에는 그런
  방식으로도 성공을 거둘 수 있었기 때문이다. 주변 상황이 급
  격히 변화하고 있지만, 직원들은 편안하다는 이유로 과거의
  접근 방식에서 벗어나지 않는다. 오랜 습관에서 탈피하기 위
  해 필요한 새로운 정보조차 구하지 않는다.
- 새롭게 정한 목표와 최종 목표가 마음에 들지 않을 경우, 그
  것을 쉽게 잊어버리고 과거의 경험으로부터 터득한 행동 패

턴에 의존한다.

- 과거에 답습한 방식이 신입 사원에게도 그대로 전달된다. 그래서 새로운 아이디어나 새로운 행동 양식은 제자리를 찾지 못하고 한쪽으로 밀려난다.
- 건설적인 피드백을 열린 마음으로 받아들이거나 효과적으로 사용하는 법을 잘 알지 못한다.
- 미숙한 관리자와 함께했던 과거의 경험으로 인해 피드백을 제공하기를 꺼려 한다. 그래서 견인차 역할을 할 사람을 찾기 어렵고, 평소 운영 업무에 통합되곤 한다.

리더는 피드백을 제공하기 전에 먼저 직원들이 업무 수행을 어떻게 하고 있는지 관찰해야 한다. 이때 직원들의 실적 사항이나 수행에 관해 살피는 것도 물론 중요하다. 하지만 관리자가 평상시 직원들과 얼마나 함께하며 얼마만큼 공을 들여 관리했느냐가 그들의 피드백에 대한 반응에 지대한 영향을 미치므로, 꾸준히 관심을 가지고 직원들을 관리하는 것이 중요하다.

예를 들어, 실적이 좋지 않은 직원에 대한 평가가 주된 업무라면 판매 실적이 낮거나, 물품 생산이 적거나, 새로운 고객 확보가 기대에 못 미친 경우, 이때는 관리자로서 해야 할 일이 무엇인지 고민하고 이를 실천하는 데 상당한 시간을 할애해야 한다. 즉, 그 직원에게 적절한 훈련 과정, 상품 지식 학습, 네트워크 활용 등이 제대로 이루어졌는지 면밀히 살펴보고, 부족한 면이 있다면 그것을 보완하는 데 주력해야 한다. 그러나 팀 구성을 재배치하거나 상담하는 일에 시간을 할애해야 한다면 직원들이 업무를 진행하는 방식에 좀 더 신경을 쓰도록 해야 한다.

관리자가 어디에 시간을 할애하는 것이 가장 효과적인지 보다 잘 이해할 수 있는 방법이 여기 있다. 잠시 시간을 내어 전체 업무 역량과 성과에 있어서 전체 직원들이 다음 [표 5-1]의 사분면 중 어디에 해당되는지 곰곰이 생각해 보자.

[표 5 - 1] 역량과 성과

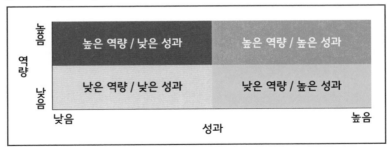

직원들이 어떤 업무를 어떻게 처리하는지는 우수한 성과를 올리거나 목표에 도달하는 데 있어서 매우 중요한 요소이다. 앞의 각 분면에 해당된다고 여겨지는 직원들의 이름을 각각 적어 보라. 이때 주의할 점은 전체적인 성과와 역량에 근거해서 분류해야지, 개인의 행동을 기준으로 판단하는 단계는 아직 아니라는 것

이다.

일단 이름을 다 적었다면 지도나 행동 교정 혹은 훈련하는 데 가장 많은 시간이 소요되는 직원들을 생각해 보라. 어떤 직원에게 가장 많은 시간을 쏟아붓고 있는가? 솔직하고 공정하게 생각해 보자. 각자의 경영 스타일이나 관리 스타일에 따라 답은 달라질 것이다. 높은 역량과 실적을 자랑하고 관리가 쉬운 직원들에게 더 많은 시간을 쏟는가? 아니면 비록 실적은 낮지만 높은 역량을 보이는 직원들을 데리고 씨름하는가? 양쪽 다 낮은 직원들은 어떻게 하는가? 그들의 발전을 위해 노력하고 있는가?

먼저 높은 역량과 높은 성과를 보이는 직원들을 보자. 그들은 당신 조직에서 최우수 인력이자 없어서는 안 될 보석 같은 존재들이다. 그렇다면 어떻게 해야 이들을 다른 회사에 빼앗기지 않고 지킬 수 있을까? 정말 우수한 인력들이라면 당연히 다른 회사에서 입사 제의를 해올 것이다. 무엇으로 이들을 붙잡아 둘 수 있을까? 때때로 당신은 이렇게 생각할 것이다.

'이러한 인력들은 실적뿐 아니라 다양한 분야에서 탁월한 능력을 발휘하므로 특별한 노력을 기울이지 않아도 충분히 인정받고 있다.'

그렇다면 어떻게 해야 그들에게 아끼고 있다는 사실을 알릴 수 있을까? 가끔씩 우리는 이런 직원들을 그냥 방치하는 실수를 저지르곤 한다. 어련히 스스로가 잘하고 있을 것이라 미루어 짐작한다. '그에 합당한 보수를 지급하는 상황에서 굳이 정기적으로 격려의 말을 해줄 필요가 있을까?'라고 생각하는 것이다. 그래서 이런 직원들에게는 최소한의 시간만 할애하곤 한다. 하지만 그들에게도 적극적인 보상 체계가 필요하다는 사실을 기억해야 한다.

한편 역량은 낮지만 높은 성과를 보이는 직원들에게는 업무 진행 방식에 관한 지도를 해줘야 한다. 많은 조직에 이런 부류의 직원들이 있다. 이들을 관리하는 데는 많은 시간이 소요된다. 그들의 업무 방식이 회사의 전략 방향과 일치하지 않는 이유를 자세히 설명해야 하기 때문이다. 이러한 이유로 이들은 다른 직원들의 기피 대상이 되기도 한다. 만약 이들의 부당한 요구도 너그럽게 수용하고, 높은 성과에 합당한 보상을 해주다 보면 의도하지 않았던 메시지를 다른 직원들에게 전달하는 것이 된다. 즉, 실적만 좋다면 어떠한 행동도 용인될 수 있다고 암시하는 격이다. 심지어 회사의 가치나 운영 실무보다 실적이 더 중요하다는 암묵적인 메시지를 전달할 수도 있다.

또한 이런 직원들은 관리자의 시간과 에너지를 가장 많이 빼앗아 간다. 관리자는 이런저런 이유로 좋은 성과를 거둔 직원에게 그 방법을 개선하라고 말하기를 주저하게 된다. 때로는 그들이 회사를 떠나면 뛰어난 실적을 기록하는 주요 직원을 잃는 것은 아닌지 걱정이 들기까지 한다.

이제 역량은 높지만 낮은 성과를 보이는 직원들에게로 눈길을 돌려보자. 그들은 성과를 내는 문제에 대한 지도가 필요하다. 그들에게는 해야 할 일과 마감 시간에 맞춰 끝내야 할 일들에 대해 분명하게 주지시켜야 한다. 또한 그들을 통해 더 높은 성과를 올리고자 한다면 적절한 훈련 과정은 물론 유용한 도구나 많은 자원들을 동원해야 할 필요가 있다.

마지막으로 낮은 역량에 낮은 성과를 보이는 직원들을 살펴보자. 그들은 관리자에게도 위협적인 존재로서, 조직에 오랫동안 머문 경우가 많다. 이런 부류의 직원들과 함께 일해야 하는 상황이라면 신속하게 상황을 알리고 단호하게 행동해야 한다.

이런 문제를 해결하는 방법을 강구하기 전에 먼저 다음과 같이 자문해 보기를 권한다. 관리자로서 직원들에게 기대하는 바나 변화되어야 할 측면을 분명히 전하기 위해 어떤 조치를 취했는가? 방법론적인 부분이 조정되거나 개선된다면 앞으로 그 직원이 어떻게 변화될 수 있겠는가?

낮은 성과를 올리는 직원을 위해 최선을 다할 의무는 있지만, 그 의무를 다했다고 생각되는 순간에는 다음 단계로 넘어가야 한다. 이런 부류의 직원들에게 너무 많은 시간을 쏟다가 정작 관리자의 지도와 피드백을 통해 발전을 꾀할 수 있는 다른 직원들을 돌보지 못하는 결과를 초래해서는 안 된다. 열심히 지도하고, 유용한 피드백을 제공해도 별다른 변화가 없다면 조직 전체를 위한 최선책이 무엇인지 곰곰이 생각해서 실행에 옮겨야 한다. 말하기는 쉽지만 실제로 실행에 옮기는 것은 시간이 지날수록 힘들어진다.

　잠시 스스로 돌아보도록 하자. 자신이 할 수 있는 최대한의 능력을 발휘하지 못하고 있음을 깨달았던 시점은 언제인가? 그 사실을 어떻게 알게 되었는가? 특정 회의나 프로젝트에서 제외되었거나 기대에 못 미치는 연말 평가를 받으면서 어렴풋이 눈치 채고 있던 사실을 동료나 동기에게서 전해 들었을 때 어떤 생각이 떠올랐는가? 다른 누군가에게서 그 사실을 들었을 때 기분이 어떠했는가? 우리는 변해야 하는 부분과 잘하고 있는 부분 그리고 그 근거를 알게 됐을 때 뭔가 조치를 취할 수 있다.

행동 관리와 피드백

비즈니스에서 성공은 성과를 창출해 낼 수 있는 조직의 능력으로 결정된다. 발전소가 전력을 생산할 수 없다면 결국 문을 닫을 수밖에 없다. 스포츠 팀이 지속적인 성과를 내지 못한다면 코치나 감독이 교체되든지 팀이 해체된다. 이와 마찬가지로 조직이 이윤을 창출하지 못한다면 비즈니스를 그만두어야 한다.

조직에서 나타나는 모든 결과는 행동의 산물로, 성과는 누군가가 무언가를 행함으로써 창출된다. 따라서 더 나은 결과를 얻고 싶다면 먼저 구성원들의 행동을 변화시켜야 한다. 이때 관리자는 구성원들이 특정한 일을 좀 더 빈번히 하거나 다른 방식으로 하기를 바랄 수도 있다. 어쨌든 다른 결과를 기대한다면 행동을 변화시켜야 한다.

결과에 의한 관리는 수동적인 접근 방법이며, 상당히 비효율적이다. 결과란 행동의 최종 산물로, 결과를 초래한 행동은 이미 발생한 것이다. 따라서 결과를 초래한 원인을 파악하려면 행동을 분석하고 재구성해 봐야 한다. 이것은 이미 언급했듯이 복기를 하는 것과 비슷하다.

만일 당신이 결과에 의한 관리를 한다면, 이는 바둑에서 이미 패하고 난 뒤, 복기를 통해 패인을 알아보려는 것과 같다. 결과에 의한 관리를 하는 사람들은 항상 어떤 문제가 발생하고 난 뒤에야 비로소 "뭐가 어떻게 된 거야" 하고 묻는다. 이렇게 묻는 시점은 이미 문제가 심각해지고 난 후다. 이와 대조적으로 적극적인 관리자들은 조직에서 원하는 결과가 무엇인지 파악한 후, 그 결과를 이끌어 내는 행동이 무엇인지 파악한다. 이처럼 주요 행동을 파악하고 나면 관리자는 이러한 행동들이 발생했을 때, 그에 대한 피드백을 해주면 된다. 만약 이처럼 행동을 체계적이고 일관성 있게 피드백 하면 주, 분기, 연 단위 결과 보고서를 보지 않고도 그 결과를 예측할 수 있다.

1_ 비즈니스는 행동이다

비즈니스는 행동이다. 행동 없이는 어떠한 조직도 성과를 달성할 수 없다. 기업들은 구성원들의 행동을 관리하기 전에 구조조정을 통한 인원 감축이나 혁신을 통한 인원 재배치 또는 고용 인력의 변화를 통해 성과를 향상시키려 한다. 그러나 이러한 방법으로 얻는 성과는 매우 제한적이며, 그 과정에서 상당한 낭비를 불러온다. 이는 그러한 방법을 설계한 사람들과 관계자들이 인간 행동의 기본 법칙에 대한 이해가 부족하기 때문이다.

지난 수년간 기업들은 사람이 아니라 행동을 변화시켜야 한다는 심각한 인식의 변화를 경험했다. 사람을 변화시키는 것과 사람의 행동을 변화시키는 것의 차이를 아는 것은 매우 중요하다. 이 둘을 구분할 수 있어야 조직을 효율적으로 관리할 수 있다.

최근 비즈니스 관련 정기 간행물을 보면 직원들의 행동 변화 필요성에 대해 다루지 않는 것이 거의 없다. 그러나 자세히 읽어 보면, 그들은 행동에 대해 말하는 것이 아니라 몇몇 단어만 바꾼 채 여전히 결과에 대해 말하고 있음을 알 수 있다.

전통적으로 경영진들은 결과에 대해 책임져 왔다. 따라서 경영진이 결과에 중점을 두는 것은 이해할 수 있다. 하지만 기업에서 관리자들은 결과가 아니라 결과를 창출할 수 있는 구성원들의 행동에 중점을 두어야 한다. 행동이 계획적으로 관리되었더라면 결과는 그보다 더 효율적이고 효과적으로 나타났을 것이고, 시간과 에너지 및 비용을 절감할 수 있었을 것이다.

리더십에 관해 "최고 경영자는 자신이 바라는 바를 제대로 수행해 낼 수 있는 적임자를 가려내는 감각과 그가 일을 수행하는 동안에는 아무런 간섭도 하지 않을 정도로 자제심이 요구된다"라고 말하는 사람들이 있다. 아마도 이들은 결과에 의한 관리를 선호하는 사람들일 것이다.

이와 상반되게 많은 경영자들이 지나치게 많이 개입하는 경우도 물론 있다. 미시적 관리micro management라는 용어가 있다. 이 용어를 잘못 사용하는 경우도 많은데, 이는 다른 사람들의 행동 하나하나를 통제하려는 관리 방법을 말한다. 이것은 스스로를 옭아매는 좋지 못한 방법이다. 이 방법으로 성공한 관리자는 거의 찾아볼 수 없을뿐더러 그가 관리하는 직원들의 성공적 수행 가능성 역시 낮다. 의도적이든 그렇지 않든, 미시적 관리 방법은 직원들의 성장을 저지하거나 방해하는 처벌적 방법이다.

『In Search of Excellence』라는 책에서 저자인 피터Peter, T. J와 워터먼Waterman, R. H은 '느슨함과 타이트함'을 적절하게 적용하는 관리법의 우수성에 대해 언급했다. 그들은 행동에 대해 잘 이해하게 되면 관리자들은 직원들의 관리가 언제 '느슨'한 것이 좋고, 언제 '타이트'한 것이 좋은지를 더 잘 알 수 있게 되어 결과적으로 최고의 성과를 이끌어 낼 가능성이 높아진다고 지적했다.

일반적으로 사람들의 행동은 일정한 법칙에 따라 움직인다. 이러한 법칙에 대해 관리자들이 이해한다면 우리가 목표로 하는 중요한 일들을 효과적으로 달성할 수 있다. 상식적으로는 사람들이 어떻게 행동할지 예측하는 것이 불가능해 보이지만, 실제로는 그렇지 않다는 것도 알 수 있다.

행동에 대한 예측은 사실 우리가 생각하는 것 이상으로 가능하다. 예를 들면, 어릴 때 형성된 습관이 어른이 되어서도 여전히 습관으로 남는다는 사실을 생각해 보면 행동이 얼마나 예측 가능한지 알 수 있다. 오늘 할 행동에 대한 가장 좋은 예측은 그 사람의 과거 행동을 알아보는 것이다. 여기에는 소위 '습관' 혹은 '행동 패턴'과 같은 것이 포함되는데, 이것들은 대개 과거의 일관성 있는 행동 방식 등이 반영된다. 행동 법칙에 대한 이러한 이해는 직장에서 다른 사람들과 효과적이면서도 만족스러운 상호작용을 가능하게 해준다.

2_ 행동 vs 행동이 아닌 것

행동을 기술적으로 정의하면 '살아 있는 생물의 모든 활동'이라고 할 수 있다. 오덴 린슬리Ogden Lindsley 박사의 "죽은 사람이 할 수 있다면 그것은 행동이 아니다"라는 말을 떠올리면 이해가 훨씬 쉬울 것이다.

대부분의 인간 행동은 '관찰과 측정이 가능한 행동'으로 정의된다. 우리가 관심을 가지는 대부분의 행동은 측정과 관찰이 가능하다. 더불어 혼자만의 독백, 생각, 느낌과 같은 내면적인 행동도 행동으로 간주된다. 내면적 행위 역시 빈도를 셀 수 있고, 관찰과 측정이 가능하기 때문이다.

행동은 긍정적일 수도 있고 부정적일 수도 있으며, 생산적일 수도 있고 비생산적일 수도 있다. 또한 중대할 수도 있고 사소할 수도 있다. 행동은 관찰이 가능하기 때문에 횟수를 세는 것이 가능하다. 이러한 행동의 특성은 객관적이고 효율적인 관리가 가능하기 때문에 조직에 상당한 가치를 제공할 수 있다. 또한 행동은 관찰을 통해 분석 가능하며, 그 가치를 계산할 수도 있다.

조직은 직원들의 이러한 행동 가치를 높일 수가 있다. 기업에서 원하는 가치 있는 행동은 특정 상황에서만 결정될 수 있다. 특정 조직에서 한 행동의 가치는 그 조직의 산출물과 행동의 관계에 의해 결정된다. 성과를 중요시하는 조직에서는 성과 달성에 기여하는 행동을 가치 있는 것으로 여길 것이다. 반면 성과 달성에 반하는 행동은 대개 시간 낭비로 간주된다.

가령, 한 연구원이 작업장에서 책을 읽고 있다고 가정하자. 그것은 가치 있는 행동이 될 수도 있고, 그렇지 않을 수도 있다. 그가 신제품에 대한 아이디어를 얻기 위해서 전문서적을 읽는다면 가치를 창출하는 행동을 하는 것이다. 그러나 소설을 읽는다면 그것은 가치를 창출하기 위한 행동이 아니다.

미소 짓는 행동도 마찬가지다. 사무실에서 직원들이 자주 미소를 짓는 일은 약간의 가치를 가질 수 있지만, 같은 행동이라도 고객 응대와 같은 상황에서는 상당한 가치를 가질 수 있다. 고마키 Komaki. J와 블러드Blood. M와 홀더Holder. D는 패스트푸드점을 통해 이를 증명해 보였다.

일반적으로 단순한 행동들은 가치 있는 것으로 여겨지지 않는다. 하지만 그렇지 않은 경우도 있다. 소비자에게 제안을 하는 것은 영업에서 매우 중요하다, 예를 들면, 치킨을 주문하는 고객에게 "감자튀김도 드릴까요?"라고 물어보는 단순한 행동은 수익성에 상당한 기여를 한다. 그러나 그것이 쉬운 행동이라고 해서 누구나 다 하는 것은 아니다.

다음에 제시되는 네 가지 사항, 즉 통칭, 태도, 상태, 가치들은 행동이 아닌 것들이다. 이것들의 의미를 잘 파악한다면 관리자가 직원들에게 기대하는 행동을 유도하는 데 많은 도움이 될 것이다.

1. 통칭은 행동이 아니다

사람들이 행동에 대해 언급할 때, 그 정의가 명확하지 않은 경우가 많다. 예를 들면, 수행 평가에서는 관리자에게 직원들의 행동에 대한 평가를 하도록 요구한다. 그러나 사실은 행동이 아닌 것들에 대한 평가를 하도록 하는 경우가 많다. 전문성, 창의성, 팀워크, 열정, 커뮤니케이션의 질과 같은 용어는 일종의 통칭으로, 하나의 단어에 여러 행동 요소를 포함하고 있다. 이러한 통칭으로는 구체적으로 어떠한 행동을 말하는지 파악하기 어렵다. 이

외에도 판매, 모니터링, 검토, 위임, 감독, 관리, 주인의식, 적극성과 같은 용어들 역시 구체적으로 어떤 행동을 유발하는지 파악하기가 어렵다. 만약 직원들에게 무엇인가를 지시할 때 이와 같이 부정확한 용어를 사용하면, 직원들에 따라 여러 가지 의미로 해석할 수 있다.

많은 관리자들은 자신의 지시가 명료한 것이라고 생각할지 몰라도 직원들 입장에서는 구체적으로 어떠한 행동을 하라는 것인지 파악하기 어려울 때가 있다. 실패한 조직들을 살펴보면 이러한 종류의 지시가 만연해 있는 것을 알 수 있다.

2. 태도는 행동이 아니다

기업들은 안전 의식, 품질 의식, 비용 절감 의식, 서비스 의식과 같은 말을 많이 사용한다. 그만큼 의식에 관심이 많다는 증거다. 여기서 '의식'은 대체로 '태도attitude'를 의미한다. 그런데 문제는 이것들을 사람들의 마음mind에서 오는 것으로 생각하기 때문에 실질적으로 무엇인가를 기대하기가 힘들다는 것이다. 이러한 표현들은 구체적인 행동에 대한 것이 아니라 수많은 행동 및 과업들을 뭉뚱그려 표현한 것이다.

또한 이러한 표현들은 사람마다 이해하는 의미가 다르다. 예를 들면 안전 의식은 머리 위에 파이프가 있는 곳을 지날 때는 머리를 낮추는 것, 기계에서 나오는 유출물을 깨끗이 닦는 것, 보안경을 착용하는 것, 다른 작업자에게 위험에 대해 경고하는 것 등 수 많은 행동을 포함할 수 있다. 또한 비용 절감 의식이라고 한다면, 장비 사용 후의 전원 차단, 장비 유지 및 관리, 업무 개시 전 기계 상태 점검 등과 같이 많은 행동을 포함한다. 이처럼 의식이나 태도와 같은 표현은 구체적인 측정이 불가능하며, 수행에 대한 구체적인 기준을 제시하지 못한다.

3. 상태는 행동이 아니다

상태와 행동을 구분하는 것 역시 중요하다. 상태란, 행동의 결과로서 존재하는 고정된 상황을 말한다. 예를 들면, 보호 안경을 쓰고 있는 것은 일종의 상태라고 할 수 있다. 그리고 보호 안경을 착용하는 동작은 행동이라고 할 수 있다. 예를 들면, 의자에 앉아 있는 것은 상태이고, 앉는 동작은 행동이다. 상태에는 따로 동작이 요구되지 않는다. 대개 어떤 상태가 되기 위해서는 동작이 필요하지만, 그 상태가 되고 나면 더 이상 동작은 필요하지 않다. 일단 잠이 들고 나면 수면을 계속 유지하기 위한 어떤 동작이 요구되지 않는 것과 같다. 문제는 특정 상태를 만들어 주는 행동이 관리자가 원하는 형태의 바람직한 행동이 아닐 수도 있다는 사실이다.

4. 가치는 행동이 아니다

기업에서 미션mission, 비전vision, 가치value 등을 명확히 하는 것은 리더십을 발휘하는 데 있어 매우 중요하다. 미션, 비전, 가치 등은 기업으로 하여금 그들의 기능을 명확히 하고, 앞으로 나아가야 할 방향을 설정할 뿐만 아니라, 추구하는 목표를 달성하는 과정에서 무엇이 용납될 수 있는가에 대한 명확한 메시지를 전달해 준다.

그러나 미션, 비전, 가치 등을 명확히 설정하는 것만으로는 대부분의 조직에서 필요로 하는 행동에 영향을 미치지 못한다. 이것은 많은 조직이 미션, 비전, 가치 등을 명확히 했음에도 불구하고, 윤리적·경제적 측면에서 문제가 발생하는 것을 보면 쉽게 알 수 있다. 가령, '정직'이라는 가치는 행동이 아니며, 그것은 정직을 의미하는 여러 행동들의 집합이라고 할 수 있다. 또한 보는 사람이나 행동에 따라 다르게 해석할 수 있다. 예를 들면, 당신은 자신이 정직하다고 생각할지 모르지만, 다른 사람들은 당신을 정직하지 않다고 생각할 수도 있다. 다른 사람들이 당신의 행동 중 어떤 부분을 보느냐에 따라 달라질 수 있는 것이다.

팀워크라는 개념 또한 마찬가지다. 팀워크는 조직에서 가장 중요하게 여기는 가치 중 하나다. 그러나 이것 또한 하나의 행동이라기보다는 그것과 관련된 다양한 행동의 집합이다. 조직에서 흔히 들을 수 있는 "우리는 팀워크가 약해"라는 말은 많은 의미를 내포하고 있다. 팀워크라는 개념이 측정과 관찰이 가능하도록 구체적인 행동으로 세분화하지 않는다면 팀워크를 강화하기 위한 노력은 수포로 돌아갈 수밖에 없다.

　말로만 표현된 기업의 가치는 사실상 조직 내에서 자리를 잡기 어렵다. 만약 당신이 조직의 성과를 향상시키는 데 필요한 행동을 파악하고 구체화하고 세분화할 수 있다면, 그렇지 않은 관리자에 비해 상당히 유리한 위치에 와 있다고 할 수 있다.

3_ 생각이 아니라 행동을 다루어라

　조직 구성원들이 무슨 생각을 하는지 관리자가 상관할 바는 아니다. 그들이 보여주는 행동이 관심사일 뿐이다. 구성원들에게 필요한 것은 지식이 아니라 그들이 가진 지식을 증명하는 행동이다.

　조직 내에서 관리자들이 구성원들에게 행동 변화를 요구하는 것은 정당하다. 하지만 사고방식의 변화를 요구하는 것은 적절치 않다. 이처럼 구성원들의 생각과 감정을 변화시켜 조직의 문제를 해결하려는 시도는 상당히 비효율적인 접근 방법이다. 물론 개개인의 생각과 감정이 관찰 가능한 방법들로 표현될 수 있다면, 관리자들은 구성원들이 어떻게 생각하고 느끼는지 관심을 가질 필요가 있을 것이다.

　그러나 중요한 것은 관리자들이 듣거나 보는 것을 통해서만 그에 대해 알 수 있다는 것이다. 즉, 타인의 생각과 감정은 행동을 관찰함으로써 추측할 수 있을 뿐이다. 생각이나 감정이 행동으로 표현되지 않는다면, 조직에는 아무런 가치가 없는 것이다.

어떤 사람들은 의사 결정이나 문제 해결 등을 정신적 활동으로, 매우 가치 있는 것이라고 주장할지도 모른다. 하지만 조직에서 가치를 지니는 것은 정신적 활동 자체가 아니라, 정신적 활동을 통해 도출되는 결정과 해결책이다. 기업 운영에서 발생하는 문제점을 구성원들이 지닌 생각이나 감정을 변화시킴으로써 해결하려는 것은 결코 효율적인 방법이 될 수 없으며, 그보다는 행동을 바꾸는 것이 더 현명한 방법이다.

피드백은 생각이나 느낌이 아닌 행동을 다루는 것이며, 무엇이 행동이고 행동이 아닌지 쉽게 구분하기 위해서는 많은 예를 접하는 것이 가장 좋다. [표 3-2]는 직장 환경에서 사용되는 행동이 아닌 것을 행동으로 서술한 전형적인 사례이다.

[표 5 - 2] 행동이 아닌 것과 행동인 것

행동이 아닌 것	행동인 것
에너지가 넘치는	할당된 업무를 일찍 마친다. 다른 사람을 자진해서 돕는다.
책임감 있는	할당된 업무를 항상 시간에 맞춰서 끝낸다.
미성숙한	직장에서 친구들에게 무미건조한 농담을 한다.
깔끔한	모든 도구들과 자료들을 적절한 공간에 놓아둔다.
비협조적인	상사와 항상 논쟁한다. 도와달라는 팀 구성원의 부탁을 거절한다.
믿을 수 있는	자신의 실수나 잘못을 보고한다.
안전 의식이 있는	모든 안전절차에 따라 직무를 수행한다.

· 『Performance Management』, Aubrey C. Daniels & James E. Daniels

성과 향상을 위한
피드백 4단계

1_ 1단계 : 신뢰 쌓기

앞에서도 누누이 강조했지만 직원들이 자신의 업무 수행을 스스로 성찰하고, 직원들에게 효과적인 피드백을 제공하고, 그것을 성과 향상으로 연결시키려면, 관리자는 직원들로부터 신뢰를 얻어야 한다. 관리자를 신뢰하지 않는 직원들은 자신의 관심사나 고민을 나누려 하지 않을 것이기 때문이다.

피드백을 받는 데 있어서 불쾌하거나 심지어 굴욕감을 느낀 경험을 지닌 직원들이 의외로 많기 때문에 이들과 어느 정도의 신뢰를 쌓는 것이 생각처럼 쉽지만은 않다. 직원들과 가능한 한 빠른 시간 안에 신뢰 관계를 회복하기 위해서는 관리자가 직원들의 성장을 진심으로 바라는 마음에서 피드백 한다는 것을 보여줄 필요가 있다. 또한 그들이 충분한 역량을 갖추고 있으며, 성장 가능성이 무한한 인재라는 확신을 심어 주어야 한다. 물론 이러한 과정은 시간이 걸리고 인내심이 요구된다.

2_ 2단계 : 성과 평가

성과 향상을 위한 피드백의 두 번째 단계는 직원들의 성과를 검토하거나 평가하는 일이다. 그러기 위해서는 먼저 우수함의 기준에 대해 명확하게 정의를 내리고, 그 기준에 적합한 직원들의 구체적인 사례를 찾아야 한다. 관리자들이 저지르는 가장 큰 실수 중 하나는 직원들의 성과를 평가할 때 그 기준을 비밀로 한다는 것이다. 관리자들은 명확한 기준을 세워 놓고도 그것을 직원들과 공유해야 한다는 사실을 잊어버릴 때가 많다.

또한 직원들의 성과를 객관적으로 평가하기 위해서는 업무 처리 방식에 관해 구체적이고 정기적으로 피드백을 제공하면서 얼마나 발전했는지 확인할 수 있는 체계적인 시스템을 구축해야 한다. 그 외에도 관리자들이 감당해야 할 일은 많다. 성과에 관해 피드백 할 때 감당해야 할 역할은 팀과 팀원들 개개인의 성과가 최고 수준에 이르도록 자극을 주고 후원하는 것이다. 물론 자신도 상당한 수준의 성과를 이루어야 할 책임이 있다.

3_ 3단계 : 긍정적 강화

직원들은 누구나 자신들이 업무를 훌륭하게 수행하는 때가 언제인지 알기를 원한다. 누구나 본능적으로 자신이 하는 일에 대해 의견을 구한다는 뜻이다. 따라서 인정해 줄 만한 일이 발생했을 때는 그 즉시 칭찬이나 인정과 같은 긍정적인 강화를 제공해야 한다. 기대치의 차이는 있을지언정 긍정적 강화는 인간의 중요한 인정 욕구를 충족시켜 준다. 시기를 놓치지 않고 긍정적인 피드백을 해주면 사기가 높아져서 바람직한 행동이 더욱 증가하고, 업무의 질이 향상되며, 자연스럽게 성과 향상으로 이어진다.

4_ 4단계 : 보상과 인정

직원들이 업무에 있어서 의욕을 가지게 되는 데는 다양한 요인이 작용하겠지만, 크게 다음의 세 가지 요인이 작용하는 것으로 보인다.

1. 소속감의 문제

조직이나 조직의 명성과 자신이 연계되어 있다고 느끼는 소속감이나 회사에 대한 애사심이 자신의 업무에 더욱 열정을 갖고 임하도록 이끈다. 또한 직장에서의 인간관계 역시 중요하게 작용한다.

2. 성장과 발전의 문제

조직과 개인의 목표 달성과 성장을 위해 새로운 업무 스킬을 익히고, 직무에 필요한 다양한 교육과 경험, 피드백 등의 기회를 제공받음으로써 직원들은 동기부여가 된다.

3. 재정적 문제

직원들 개개인이 조직을 위해 헌신하는 정도, 달성한 성과 등에 따라 주어지는 개별적 보상, 예를 들면 월급, 인센티브 등도 직원들의 의욕을 북돋을 수 있다. 사실 월급은 직원들이 조직을 떠나는 결정적인 요소가 아닌 경우가 많다. 하지만 인센티브를 제공하는 문제는 높은 수준의 성과를 올리고, 바람직한 행동 양식을 유도하는 데 도움이 될 수 있다.

조직 구성원들 각자가 다양한 수준의 스킬과 능력을 보유하고 있다는 점을 이해해야 하듯이, 보상은 개인 차이를 고려해야 한다. 잠시 시간을 내서 직원들의 개인적 특성이나 동기부여 요인을 탐색해 보라. 직원들 개개인의 특성에 맞춰 적절한 보상을 하면 상당한 열의를 보이게 되고, 그 상태가 오랫동안 유지될 것이다.

6장

동기 유발과
피드백

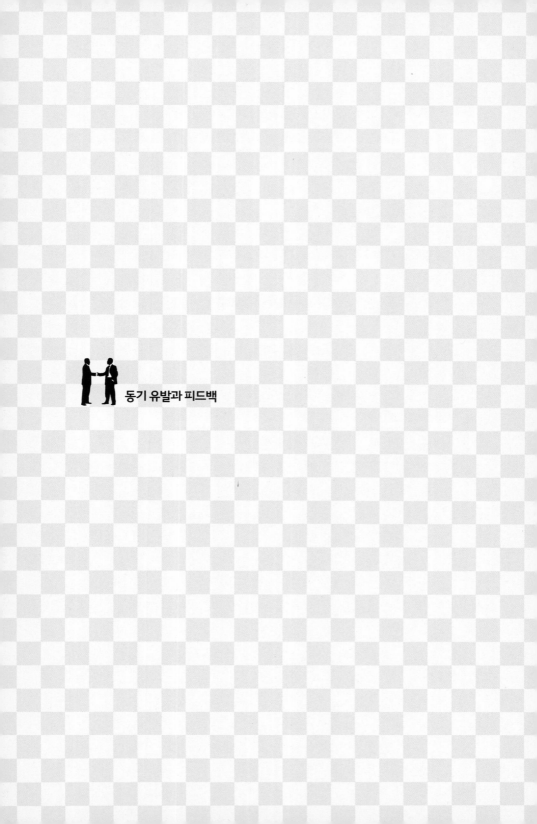

동기 유발과 피드백

최고의 동기 유발 방법, 피드백

    피드백은 직원들에게 그들의 현 위치를 알려 주는 역할을 한다. 자신이 하는 일이 회사 입장에서 보기에 어떠한지, 관리자가 보기에는 어떠한지, 팀원들의 생각은 어떠한지를 말해 준다. 물론 피드백이 긍정적인 내용일 때 직원들은 더욱더 의욕을 발휘한다. 또한 부정적인 내용의 피드백 역시 직원들의 성장에 반드시 필요하다. 아무런 피드백도 하지 않는 것은 일종의 무관심을 의미할 뿐이다. 그 내용이 긍정적이든, 부정적이든 간에 피드백은 직원들의 의욕을 높인다. 왜냐하면 그것은 직원들에게 '신경 쓰고 있다'는 신호이기 때문이다. 따라서 리더로부터 받은 피드백은 최고의 동기부여 수단이 되기도 한다.

직원들에게 피드백은 자신의 존재를 인정받는 것과 같다. 물론 일이 잘되지 않는다고 느낄 때는 피드백을 받는 것이 달갑지 않을 때도 있다. 또한 기분이 별로 좋지 않은 날도 있다. 그러나 피드백은 지속적으로 성장하기 위해서 반드시 겪어야 할 단계이다.

필자가 우연한 기회에 한 기업 직원을 코칭한 적이 있었다. 이 직원은 기기 분야의 서비스를 담당하는 일을 하고 있었다. 고객의 서비스 접수를 받아 상담하고, 방문 요청 시 해당 지역 기사를 호출해서 처리하는 일을 한다고 했다. 그는 일이 전혀 재미가 없다고 했다. 이유를 묻자 "내가 일을 잘하고 있는 건지, 지시대로 하고 있는 건지 전혀 알 수가 없어요"라고 답했다. 일이 많아 하루 종일 바쁘게 일하지만 일과가 끝나고 나면 만족감을 느낄 수 없다고 했다. 또한 "때가 되면 월급이 따박따박 나오고, 함께 일하는 동료들과의 대화도 즐거웠지만, 일하는 보람이나 성취감 같은 것은 전혀 없었습니다"라고 말했다.

그는 일하는 도중 무슨 문제라도 생기면 갑자기 상사가 나타나 이것저것 지시하고 그냥 돌아간다고 했다. 그러던 어느 날 그는 상사의 배려로 코칭과 함께 피드백을 받게 된 후 회사에서 자신에게 관심을 가지는 것 같아 좋았고, 일에도 열정이 더 생겼다고 했다.

피드백이 없는 곳에서 일하는 직원들은 이렇게 생각할 것이다. '직원들이 무슨 생각을 하는지 관심을 갖지 않는다면 회사는 도대체 무엇에 관심을 가지는 것일까?', '직원들이 좀 더 일을 잘할 수 있도록 지도하지 않고 회사는 무엇을 하는 것일까?'라고 말이다.

그러니 직원들에게 적극적으로 긍정적인 피드백을 제공하라. 아울러 부하 직원이 부정적인 피드백을 받고 싶어 하지 않는다고 멋대로 짐작하지 마라. 피드백을 제공하는 목적을 정확하게 설명하고 배려하는 마음으로 제안한다면, 그들은 부정적인 내용의 피드백이라도 기꺼이 받아들일 것이다.

앞서 살펴보았던 리더 유형 중에서 S 리더(코치형 관리자)는 다른 사람들을 개발하는 데 관심이 있던 사람이었다. 비록 그는 결과지향주의자였지만, 개선 의지가 약한 사람들을 도와주었고, 그들이 훨씬 더 일을 잘할 수 있도록 동기를 부여했다. 또한 팀원들에게 다양한 성장 기회를 제공하고, 많은 자율권을 주었으며, 그들이 잠재력을 최대한 발휘할 수 있도록 지원했다. 물론 그 서비스팀의 일부 직원은 최고가 되기를 원하지 않았고, 자발적으로 팀을 떠난 사람도 있었다. 또 일부 직원들은 S의 요구에 의해 조직을 떠나기도 했다.

S는 이러한 문제들을 처리하는 것이 불편했지만 그것을 회피하지 않고 해결해 나갔다. S는 문제를 처리하는 과정에서 상대를 배려했고, 더불어 직원들은 개선되고 성장했다. 결과적으로 직원들은 이전보다 더 좋은 성과를 냈고, 일에 전념할 수 있었다. S는 팀장으로서 피드백을 잘 활용했으며, 전형적인 코치의 태도를 지니고 있었다.

대부분의 관리자들은 피드백을 직원들의 문제를 지적하거나 처벌하는 것으로 잘못 이해하고 있는 경우가 많다. 그러나 피드백은 처벌이 아니다. 직원들이 건강하게 성장할 수 있도록 영양분을 공급해 주는 일이며, 최고의 동기부여 수단이다.

당신은 여러 방향으로 피드백을 줄 수 있다. 위로는 직속 상사에게, 아래로는 당신이 이끄는 직원들에게, 옆으로는 동료들에게 피드백을 줄 수 있다. 또한 피드백을 준 사람들에게서 피드백을 받을 수도 있다. 이와 같이 피드백은 조직의 발전과 개선에 기여하는 중요한 동기부여 수단이다.

효과적인
피드백을 위한 조건

1_ 효과적인 피드백의 특성

피드백은 겉으로 보기에는 단순한 개념이다. 하지만 수많은 요인이 그 효과를 증가시키는 경향이 있다. 『직무수행관리』의 공동 저자인 오브리 C. 대니얼스와 제임스 E. 대니얼스는 피드백의 효과를 증가시키는 10가지 조건을 다음과 같이 제시했다.

- 기본 정보를 구체적으로 제공하라.
- 수행자가 통제 가능한 정보를 제공하라.
- 즉각적으로 빈번히 피드백 하라.
- 상황에 맞게 개별 피드백과 집단 피드백을 제공하라.

- 스스로 자신의 수행을 관찰하도록 고무시켜라.
- 자기 관찰이 어렵다면 책임자가 관찰한 내용을 제공하라.
- 향상에 초점을 두어라.
- 이해하기 쉬운 방법으로 피드백 하라.
- 그래프 형태로 피드백 하라.
- 강화에 대한 선행 자극이 되도록 피드백 하라.

2_ 기본 정보를 구체적으로 제공하라

여기서 구체적이라 함은 수행자가 정확하게 어떤 행동을 어떻게 바꾸어야 하는지 알 수 있도록 정보를 제공하는 것을 의미한다. 예를 들어, 직원들에게 품질 부분에 대한 그래프를 제공할 경우를 생각해 보자. 이 그래프를 보고 직원들이 품질 개선을 위해 어떤 행동을 달리 해야 할지 모른다면 유용한 피드백 자료라 할 수 없다.

그러나 오류 없이 처리된 문서의 양, 기계 작동 시간, 사포 벨트_{가구 공장}로 닦인 판의 수, 처음에 정확하게 설치된 문풍지의 비율_{자동조립 공장}과 같이 품질의 특정한 측면에 대한 자료를 제공하면 직원들은 그 자료가 의미하는 바를 알고, 이후 행동 변화의 방향을 잡을 수 있다. 한편 피드백을 계획할 때 데이터 수치가 변동됨에 따라 수행자들이 해야 할 일을 정확하게 인식하고 있는지 여부를 확인해 보는 것이 필요하다.

3_ 수행자가 통제 가능한 정보를 제공하라

수행자는 자신의 수행을 통제할 수 있어야 한다. 이 원리는 당연하게 보이지만 사람들이 종종 시행착오를 일으키는 것 중 하나다.

한 예로 가구 공장에서 직원들에게 매달 지게차 유지비에 드는 비용을 줄이도록 했다. 이를 위해 매달 지게차 유지비를 그래프로 그려 벽에 붙여 놓고 모두가 유지비를 줄이기 위해 노력했다. 첫 달은 별다른 성과가 없어 모두가 실망했다. 그들이 무엇을 잘못했는가? 아무런 잘못도 하지 않았다. 이 공장의 지게차 수리를 담당해 오던 회사가 그 달에 수리비를 인상했기 때문이다. 이 문제는 계획대로 시행되는 정기적인 유지비 항목들의 비율에 대한 피드백을 통해 해결되었다.

통제의 또 다른 측면은 수행자가 자신의 수행을 향상시킬 만한 충분한 지식과 기술을 보유하고 있는지를 살펴보는 것이다. 만일 수행자가 해당 업무를 수행하는 데 전혀 훈련되어 있지 않거나 잘못 훈련되어 있다면 아무리 수행이 통제 하에 있다 하더라도 피드백의 효과를 기대할 수가 없다.

4_ 즉각적으로 빈번히 피드백 하라

피드백은 빠르면 빠를수록 좋다. 매시간 제공하는 피드백이 매주 제공하는 피드백보다 수행자로 하여금 수행을 바꿀 기회를 더 많이 제공한다. 예를 들어, 당신이 다이어트를 한다고 가정해 보자. 매일 체중을 측정하는 것과 일주일에 한 번씩 측정하는 것 중 어느 것이 효과적이겠는가?

그럼에도 불구하고 수행 이후 피드백이 제공되는 시간은 일반적으로 너무 지연되는 경향이 있다. 대부분의 조직에서 일일 단위의 피드백을 찾아보기 어렵다. 심지어는 월 단위로 피드백을 제공하는 조직조차도 찾아보기 힘든 것이 현실이다.

5_ 상황에 맞게 개별 피드백과 집단 피드백을 제공하라

피드백은 개인의 수행을 근거로 할 때 가장 유용하다. 즉, 개인의 수행에 관한 피드백은 좀 더 구체적이고, 수행자의 통제 하에 있으며, 자기 관찰이 가능하고, 즉각적이며, 쉽게 이해될 수 있다. 하지만 수행에 대한 개인적인 측정이 가능하지 않다면 가장 작은 집단을 상대로 피드백을 제공하는 것이 바람직하다. 만일 특정 기계를 한 팀의 일원인 세 사람이 함께 작동하고 있다면, 피드백은 팀 수행에 대한 것이어야 한다. 만일 두 사람이 한 프로젝트를 같이 진행하는데 각자의 수행에 대한 측정이 불가능하다면 해당 프로젝트의 진행과 관련한 피드백을 제공해야 한다.

만약 집단 수행과 관련해 개별 피드백을 줄 수 있는 상황이라면 집단 피드백도 함께 제공해야 한다. 집단 피드백은 개인 피드백 이상으로 강화 기회를 증가시킨다. 집단 피드백에서는 감독자, 관리자, 동료, 심지어 방문자들이 강화 시스템의 일부분이 될 수 있다. 이때 유의할 점이 있다. 개인 피드백은 개인적으로 제공하고, 집단 피드백은 공개적으로 제시하는 것이 좀 더 효과적이라는 것이다.

6_ 스스로 자신의 수행을 관찰하도록 고무하라

수행자 스스로 자신의 수행을 관찰하거나 측정하는 것이 가능한 상황이라면 그렇게 하도록 격려하고 고무하는 것이 좋다. 자기 관찰은 즉각적인 피드백을 제공함으로써 수행이 바람직한 수준에서 너무 많이 벗어나기 전에 스스로 통제할 수 있다는 장점이 있다. 특히 다른 사람에 의해 제공되는 피드백은 시간적인 지연 가능성이 있어 효과가 떨어질 수 있는 반면, 자기 관찰에 의한 피드백은 즉각적인 제공이 가능하므로 좀 더 효과적일 수 있다.

반대로 자기 관찰의 단점은 수행자가 자료나 정보를 위조할 수 있다는 것이다. 수행자들은 스스로 기록한 데이터를 상사나 관리자들이 확인한다는 사실을 알고 있기 때문에 자신에게 유리한 방향으로 정보를 조작할 위험이 있다. 만일 수행자가 자료를 조작한다면 그것은 과거에 자료가 주로 처벌 목적으로 사용되었을 가능성이 높다. 어떠한 이유로든 수행자가 자료를 조작할 위험이 있거나 그러한 경험이 있다면, 자기 관찰을 통한 피드백 사용은 유의할 필요가 있다.

7_ 자기 관찰이 어렵다면 책임자가 관찰한 내용을 제공하라

자기 관찰을 통해 피드백을 할 수 없다면 책임자의 위치에 있는 사람이 관찰한 결과를 토대로 피드백을 제공해야 한다. 이때 책임자는 상사가 될 수도 있고, 팀이나 집단의 리더, 교수자, 코치, 부모 등이 될 수도 있다. 피드백은 관리자나 감독자의 주요 역할 중 하나로, 다른 사람에게 위임해서는 안 된다. 직원들을 성장시키고 훌륭하게 이끄는 것이 리더나 관리자들의 중요 임무라는 것을 안다면, 그들에게 적절한 피드백을 제공하는 일이 무엇보다 중요하다는 것을 명심해야 한다.

수행자의 자기 관찰이 어려운 경우, 책임자가 관찰한 자료를 토대로 피드백을 제공해야 하는 이유는 다음과 같다.

- 피드백을 제공하기 위해 관찰하고 기록하는 데 시간을 투자하는 행위 자체가 그만큼 중요한 정보라는 메시지를 전

달한다.

- 피드백을 제공하면 수행자는 책임자가 자신이 어떻게 업무를 수행하고 있는지 알고 있다는 것을 인지하게 된다.
- 피드백을 제공하기 위해 자료를 직접 그래프로 작성하다 보면 그 과정을 통해 스스로 많은 것을 배울 수 있다.
- 직접 관찰 자료를 기록하면 수행자에게 강화를 제공할 기회가 그만큼 더 많아진다.

8_ 향상에 초점을 두어라

일반적으로 사람들이 받는 피드백은 그들의 수행과 관련된 지적사항에 대한 것이다. 누군가가 "몇 가지 피드백을 드리겠습니다"라고 말하면 당신은 대개 그가 자신의 장점에 대해 말할 것이라고 생각하지 않는다. 보통 이런 경우에는 당신이 개선하거나 향상시켜야 할 사항에 대한 것들이 많다. 이를테면 성취 미달이나 나쁜 수행 습관을 지적하는 것이다.

대부분의 조직에서 수행에 관한 피드백 자료로서 불량률, 실수, 잘못, 사고, 결근 등을 제공한다. 그러나 그보다는 달성률, 성공적 처리 비율, 우수 사례, 모범적 근무 일수 등에 대해 피드백을 제공하는 것이 훨씬 더 효과적이다. 즉, 문제점을 드러내기보다 해결점을 찾는 데 중점을 두는 것이 바람직하다.

부정적인 피드백은 바람직하지 않은 행동을 줄이는 것이 목적이기 때문에 자연스럽게 처벌이나 징계의 조건이 될 수 있다. 반면에 바람직한 성과나 기대되는 행동에 초점을 맞춘다면 긍정적 강화를 더 많이 제공하여 수행의 향상을 가져올 수 있다.

9_ 이해하기 쉬운 방법으로 피드백 하라

수행자가 올바로 이해하지 못한 피드백은 피드백이 아니다. 만일 수행자가 피드백의 내용 자체를 이해하지 못해서 개선이나 향상을 위해 무엇을 해야 할지 모른다면 그런 피드백이 대체 무슨 소용이란 말인가. 따라서 피드백을 제공하는 사람은 상대가 그 내용을 제대로 이해했는지 수시로 확인해야 한다.

최소한 시작할 때만큼은 리더나 관리자들이 직접 피드백을 제공하는 것이 좋다. 한 가지 좋은 방법은 수행자가 리더나 관리자로부터 받은 피드백 내용을 그들에게 다시 설명하게끔 하는 것이다. 이렇게 함으로써 수행자가 피드백 받은 내용을 제대로 이해했는지 확인해 볼 수 있고, 스스로 수행에 대한 의지를 한번 더 확고히 할 수 있으며, 의문점이 생기면 바로 그 자리에서 확인이 가능하다는 장점이 있다.

10_ 그래프 형태로 피드백 하라

피드백은 그래프 형태로 제공할 때 큰 효과를 볼 수 있다. 그래프는 피드백이 내포하는 정보 이상의 추가적인 강화 기회를 제공하기 때문이다.

앞서 피드백만으로는 충분한 강화가 이루어지지 않는다는 사실을 강조하였다. 그러나 그래프 형태로 제공되는 피드백은 강화에 대한 선행 자극 역할을 하며, 사람들 간에 서로 강화해 줄 기회를 제공하고, 스스로에 대한 강화도 가능하게 한다. 팀의 수행을 한눈에 보여주는 그래프 수치가 점차 향상되면, 팀원들은 보통 향상된 수행에 대해 이야기를 나누며 자극을 받아 서로 간에 혹은 스스로 강화하게 된다. 또한 그와 함께 자부심, 만족감, 성취감 등을 느끼게 된다. 즉, 향상 중인 흐름을 보는 것은 강화에 대한 강력한 선행 조건이 될 수 있다.

이처럼 수행이 향상되는 것과 목표에 가까워지는 모습을 보는 것은 그 자체로 대부분의 사람에게 중요한 강화 요인이 된다. 하지만 그 정보가 숫자나 표로 제시될 때는 향상된 정도가 시각적으로 잘 표현되지 않는다. 따라서 이것을 보는 사람들의 감흥이나 동기 유발도 비교적 덜할 수밖에 없다. 이러한 이유로 피드백 정보는 단순한 표나 수치 형태보다 그래프 형태로 제공하는 것이 훨씬 효과적이다.

11_ 강화에 대한 선행 자극이 되도록 피드백 하라

이 조건은 아무리 강조해도 지나치지 않다. 강화 없이 제공되는 피드백은 결국 수행을 개선하거나 향상시킬 수 있는 능력을 잃어 버리게 된다. 따라서 피드백 제공 계획을 세울 때 강화에 대한 것을 포함시키지 않았다면 성과 향상에 대해 크게 기대하지 않는 것이 좋다. 최적의 수행을 달성하는 데 가장 효과적인 방법은 의미 있는 강화와 의미 있는 피드백을 사용하는 것이다.

피드백의 종류와 지침

누구든 다른 사람과 피드백을 주고받으며 살아간다. 문제는 서로에게 제공하는 피드백이 바람직하거나 좋은 결과를 가져올 수도 있지만, 그렇지 않을 수도 있다는 것이다. 관리자가 직원의 제안에 부정적인 피드백을 한다면 사기와 의지가 약해지거나 관계가 서먹해질 수도 있다. 하지만 피드백과 관련해 풍부한 지식과 경험을 가진 리더라면 직원들의 사기를 높이는 방법에 대해서도 잘 알고 있을 것이다.

한편 직원들도 리더에게 피드백을 제공한다. 이때 직원들의 피드백이 부정적이라면 리더는 해당 직원에 대해 좋지 않은 감정이나 선입관이 생길 수도 있다. 직원들도 피드백에 관한 경험이 별로 없다면 감정적 동요를 이해하지 못하고 리더의 탓으로만 돌릴 것이다. 따라서 피드백에 대해 좀 더 잘 이해하여 보다 효과적으로 활용하는 것이 중요하다. 먼저 피드백의 종류는 크게 평가적 피드백과 발전적 피드백 두 가지로 나눌 수 있다. 이 둘은 서로 관련이 있지만 그 특성에 있어서는 완전히 다른 별개의 것으로 봐야 한다.

1_ 피드백의 종류

1. 평가적 피드백

평가적 피드백은 대부분의 사람들이 피드백이라는 말을 들었을 때 가장 먼저 떠올리는 것이다. 종종 연례 실적 검토의 형태를 띠는 평가적 피드백은 특히 판매 관리와 같은 분야에서 중요하게 사용된다. 또한 학교에서 흔히 사용되는 채점 방식과 비슷하게 평가가 이루어진다. 예를 들면, 'A~F학점' 또는 '1~20등'과 같이 채점 모형을 바탕으로 한다. 이처럼 평가적 피드백은 "당신의 실적은 평균보다 높습니다"와 같은 형태를 띠고, 주로 보상과 관련 있으며, 오늘이 아니라 어제를 평가한다.

평가적 피드백은 관리에서도 핵심적인 부분을 차지한다. 실적 검토 중에 리더는 점수 혹은 등수를 매긴다. 이는 평가받는 직원에 대한 리더의 인식을 대변한다. 일부 조직에서는 360도 피드백을 제공하기 위해서 다면평가를 포함시키기도 한다. 여기서 360도 피드백이란, 상사, 동료, 부하는 물론 고객으로부터도 피드백을 받는 것을 말한다.

평가적 피드백을 제공하는 주된 목적은 평가 대상인 직원이 자신의 과거 실적과 위치, 평가 수준 등을 분명하게 인식하도록 하는 데 있다. 한 사람이 제공하든 여러 사람이 제공하든 간에, 평가적 피드백은 관리에서 중요한 부분을 차지한다.

2. 발전적 피드백

발전적 피드백은 평가적 피드백과 달리 미래에 더 좋은 실적을 내기 위해서 리더와 직원이 할 수 있는 것을 모색한다. 예를 들어, 올림픽 경기에서 한 체조 선수가 8.5점을 받았다고 가정하자. 여기서 그 점수 자체가 그 선수를 더 훌륭한 혹은 덜 훌륭한 선수로 만들지는 않는다. 8.5점은 한 경기에서의 점수이자 평가일 뿐이다.

발전적 피드백은 '목표 달성 혹은 목표 초과 달성을 위해서 우리가 해야 할 일은 무엇인가?' 또는 '어떻게 현 상황을 개선할 수 있을까?'와 같은 질문에 답을 제시하는 것이다. 발전적 피드백과 평가적 피드백의 또 다른 주요 차이점은 이러한 발전적 질문이 일년에 한두 번 정도가 아니라 일상에서 수시로 제기된다는 것이다. 이러한 이유로 발전적 피드백이 있는 곳에서는 성장이 이루어진다. 발전적 피드백은 직원들이 직면한 장애물을 파악하고, 그 장애물을 제거하기 위해서 그들의 역할을 강화하도록 돕는다. 즉, 직원들의 업무 수행과 행동이 발휘하는 영향력을 그들 스스로 인식하게끔 객관적 정보나 자료를 제공하여 개선점을 찾고 성장하도록 돕는다. 이때 관리자는 직원들이 하는 일에 적극적으로 관여함으로써 그들의 성장을 돕는다.

이는 개인의 업무 성과와 관련된 피드백에서부터 사적인 영역의 피드백에 이르기까지 다양한 차원에서 이루어질 수 있다. 이처럼 자신의 성과에 대한 피드백을 받은 직원들은 성장의 계기를 마련할 수 있다. 하지만 피드백을 받지 못한 직원들은 자신의 수행이 적절한 것인지 그릇된 것인지 확인할 수 없고, 심지어 그릇된 행동을 반복할 수도 있다. 분명한 것은 피드백 없이는 개인이나 조직이 결코 성장할 수 없다는 사실이다. 따라서 적절하고 정확한 발전적 피드백은 반드시 필요하다.

2_ 피드백에 대한 몇 가지 지침

다음은 적절한 피드백을 위한 몇 가지 지침이다.

1. 피드백은 직원들에게 성장의 계기가 되어야 한다

피드백의 목적 중 하나는 직원들의 행동에 변화가 필요하다는 것을 알리는 것이다. 적절한 정보를 제공하거나 수행에 대한 격려 차원의 피드백은 직원들의 입장에서 볼 때 새로운 희망과 동기를 불어넣는다. 하지만 유용하지 않은 정보 제공이나 비난을 위한 피드백은 직원들을 방어적으로 만들어 현재의 수행을 반복하게 하거나 새로운 행동을 위축시킨다. 이렇듯 건설적인 피드백은 직원들에게 성장의 기회를 제공하지만, 건설적이지 않은 피드백은 직원들로 하여금 새로운 모험과 도전을 기피하도록 만든다.

2. 피드백은 구체적이어야 한다

피드백은 특정한 수행에 대해 구체적인 정보를 제공할 때만 유용하다. 예를 들어, 직원의 보고서를 검토한 리더가 개선이 필요한 부분을 구체적으로 알려 주거나 상세하게 설명해 줄 때만 변화를 촉구할 수 있다.

3. 피드백은 행동 그 자체에 초점을 두어야 한다

피드백은 직원 자체에 대한 평가나 판단이 아니다. 따라서 직원이 수행한 행동 그 자체에 초점을 두어야 한다. 그래야 직원의 방어적인 태도와 의견 차이를 줄일 수 있다. 특정 행동에 대해 흑백논리로 재단하기보다는, 우선 그 수행이 어떻게 이루어졌는지 있는 그대로 직원과 공유하는 것이 중요하다. 그리고 그보다 더 중요한 것은 행동 변화가 전적으로 직원의 몫이라는 점이다. 대체로 통제 지향적인 리더들은 피드백 과정에서 직원들이 보이는 행동을 넘어 인격적 문제까지 거론하며 그들을 변화시키려 하지만, 이러한 방식으로는 절대로 변화를 가져올 수 없다.

4. 피드백은 즉각 제공되어야 한다

피드백은 행동이 발생한 직후에 제공하는 것이 가장 효과적이다. 사람들은 최근 일어난 사건은 쉽게 기억하고 이해하며 공감하지만, 발생한 지 오래된 사건은 잘 기억하지 못하고, 기억하더라도 왜곡될 가능성이 있으며, 쉽게 공감하지 못한다. 예를 들어, 직원이 과거에 저지른 실수를 이제 와서 들추는 것은 상대방의 공감을 얻기 어려울뿐더러 행동 교정에도 저항을 일으키기 쉽다.

5. 피드백은 유연해야 한다

피드백은 적시에 제공되는 것이 효과적이지만 어떤 피드백은 시간을 두고 제공될 필요도 있다. 피드백은 상대에게 도움을 주기 위한 것이므로 사전에 철저히 계획될 필요가 있는 것이다. 예를 들어, 직원이 피드백을 수용할 수 없을 만큼 정서적으로 불안한 상태라면 다른 시기를 고려해야 한다. 또한 피드백을 제공하는 과정에서 직원 스스로 자신의 새로운 행동에 자연스럽게 적응하기 위해서는 충분히 공감하면서 기다려 줄 수 있어야 한다. 경우에 따라서는 한 번에 한 가지 주제를 다루기보다 여러 가지 주제를 한꺼번에 다루어 피드백을 제공하는 것이 효과를 배가시킬 수도 있다.

6. 피드백은 긍정적 · 부정적인 것 모두를 전달해야 한다

피드백을 제공할 때는 긍정적인 내용과 부정적인 내용을 모두 포함하는 것이 좋다. 그 이유는 직원들의 수행에 대해 긍정적인 면에만 초점을 맞추면, 직원들이 자신의 능력에 대해 자만하거나 행동 변화를 요구했을 때 쉽게 받아들이지 못하기 때문이다. 반대로 부정적인 면에만 초점을 맞추면 자칫 비난받는 것처럼 여겨 위축되거나 새로운 행동을 시도하는 데 소심해질 수 있다.

7. 피드백은 비난하는 것이 아니어야 한다

피드백의 궁극적인 목적은 직원들을 성장시키기 위한 것이다. 이러한 목적은 잊어버린 채 피드백이라는 명목 하에 직원들에게 비난을 일삼는 리더도 있다. 그런 리더는 스스로 자신이 무능력하고, 신뢰할 수 없는 사람이라는 것을 떠벌리는 것과 같다.

인정과 보상을 제공하라

다음은 필자가 재직했던 한 회사의 임원 이야기다.

영업을 총괄하는 A본부장은 매일 출근과 동시에 직원들을 한 명 한 명 일일이 찾아다니며 하이파이브를 한 다음 일과를 시작했다. 처음에는 누구나 어색해했지만 한두 달 계속되자 직원들끼리도 하이파이브를 하기 시작했다.

또한 영업 목표 달성 여부와 상관없이 그는 매월 실적 마감 후에 직원들의 노고를 격려했으며, 실적에 대한 질책보다는 특별히 창의적인 노력을 기울인 사람이나 새롭게 시작하는 일들에 대한 칭찬과 격려를 하는 시간을 주로 가졌다. 물론 목표를 달성한 달에는 특별한 이벤트나 시상을 통해 직원들을 격려했다. 어떤 달은 목표 달성이 어려워서 직원들과 늦은 시간까지 퇴근을 하지 않고 머리를 맞댄 채 고민한 적도 있었다. 그럴 때에도 그는 직원들을 질책하기보다는 식사나 전체 회의 등을 통해 격려를 아끼지 않았다.

그러자 직원들은 시간이 지날수록 자신들의 노력을 인정해 주고 늘 격려해 주는 그에게 감동하고 존경심을 느꼈다. 물론 팀워크와 사기도 최고조로 올라갔다. 그들은 정말 최선의 노력을 다했는데도 실적이 좋지 않을 때는 서로를 위로했고, 실적이 좋을 때는 다 같이 하이파이브를 하며 더욱더 힘차게 파이팅을 외쳤다.

이런 일을 통해 직원들의 사기가 얼마나 올라갔을지 한번 상상해 보라. 그들은 일이 잘 안 될 때만 파이팅을 외친 것이 아니었다. 그는 실패에 관대한 반면 성공에 매우 집중했다. 실패는 굳이 신경 쓰지 않아도 저절로 주의를 집중시키지 않던가?

이처럼 성공을 격려하고 축하하는 행사는 항상 제대로 해야 한다. 직원들이 올린 성과에 대해 크건 작건 어떤 형태로든 격려와 축하가 필요하다. 사람들은 자신의 성과에 대한 다른 이들의 갈채와 감사와 인정을 원하고 기대한다. 따라서 그들을 기만해서는 절대 안 된다.

한 직원이 일 년간 회사에서 일한 시간을 환산하면 무려 1,000시간이 넘는다. 대체 얼마만큼의 피드백을 제공해야 충분하다고 할 수 있을까? 또 얼마나 잘해야 제대로 된 축하 행사를 해줄 수 있을까? 대부분의 조직은 이 분야에 아직 미개척지나 마찬가지다.

리더의 핵심역량,
피드백 주고받기

   불면증에 시달리는 사람에게 가장 좋은 처방은 온갖 내용의 리더십에 관한 정의를 찾아서 읽어 보게 하는 것이라는 우스갯소리가 있다. 오늘날 리더십에 관한 연구 대부분은 리더십을 발휘해 본 일도 없고, 리더십이 요구되는 조직에서 일해 본 경험은 더더욱 없는 학자들에 의해서 이루어지고 있는 것이 현실이다. 리더십에 관한 책만 해도 수백 권이 넘는다. 그만큼 리더십에 관한 정의 또한 수백 가지가 있음을 알 수 있다.

   리더는 말과 행동을 통해 자신의 리더십을 드러낸다. 그리고 다른 사람들로 하여금 변화를 추구하도록 이끄는 것이 리더의 역할이다. 그렇다면 이 역할을 수행하기 위해 리더들은 구체적으로 어떻게 해야 할까? 바로 자신이 이끄는 사람들이 특정한 상황에서 취해야 할 행동을 리더 스스로가 행함으로써 모범을 보여야 한다.

한동안 '리더는 타고나는 것인가? 만들어지는 것인가?'를 놓고 갑론을박이 많았다. 여기서는 그에 대해 논할 생각이 없다. 다만, 필자는 행동주의 사상을 가진 사람이다. 리더십이든 재능이든 타고난다기보다는 후천적인 노력을 통해 얼마든지 탁월해질 수 있다고 믿는다. 이는 필자의 생각이기 전에 최근 학자들의 연구 결과가 이러한 사실을 잘 뒷받침해 주고 있다. 각설하고 리더의 역할은 구성원들의 성과를 향상시키는 것이다. 따라서 리더가 얼마나 자신의 역할에 충실했느냐 하는 것은 구성원들의 성과를 통해 판단되어야 한다. 리더의 모든 행동은 구성원들의 행동에 영향을 미치기 때문이다. 이러한 이유로 리더는 그가 이끄는 구성원들의 행동 변화와 성과 그리고 리더 자신의 행동을 통해 평가받게 된다.

이와 관련하여 『행동이 성과를 만든다』의 저자 로빈 스튜어트 코츠Robin Stuart-Kotz는 30여 년간 5,000명이 넘는 기업체 및 조직의 책임자들과 대화를 나누고 의견을 경청한 결과, 리더가 어떠한 행동을 취하느냐에 따라 조직의 성과가 더 향상되거나 안정될 수도 있고, 더 악화될 수도 있다는 결론에 이르렀다. 로이터 통신의 니알 피츠제럴드Niall Fitzgerald 회장도 "리더들이 제대로 이해하지 못하는 것 중의 하나는 그들이 하는 말과 행동이 아주 커다란 증폭 시스템을 통해 구성원들 사이로 퍼져 나간다는 점이다"라고 말했다. 리더는 이처럼 자신의 모든 행동이 구성원들은 물론 조직의 성과에 지대한 영향을 미친다는 사실을 기억해야 한다.

최근 우리나라 대기업들은 대부분 360도 다면평가를 통해 임원들의 리더십 역량에 대해 평가하고 피드백 하는 과정을 거친다. 이 과정에서 필자와 같은 전문 코치들이 투입되기도 한다. 그런데 그 내용을 살펴보면 부하 직원들이 바라본 상사의 리더십이나 상사가 바라본 리더로서 보완해야 할 점 등이 주를 이룬다. 이마저도 대부분 형식적인 경우가 많고, 일 년에 한 번, 많아야 두세 번에 걸쳐 시행하는 경우가 대부분이다.

대기업들의 임원 코칭에 참여할 때마다 필자는 '이렇게 해서 임원들의 리더십이 변화될까?' 하는 의문이 들지 않을 수 없었다. 기업의 임원들에게는 거창한 리더십이 아니라 리더십 스킬이 부족했기 때문이다. 즉, 필자가 코칭을 담당했던 임원들의 대부분은 커뮤니케이션 스킬이 부족했고, 특히 공감 능력이 떨어졌다. 그들도 자신들이 그렇다는 것을 스스로 인정했다. 재미있지 않은가? 대기업 임원들이 대화 기술이나 공감 능력이 떨어진다는 사실이 말이다.

많은 리더들이 커뮤니케이션을 잘하고 싶어 하지만 뾰족한 스킬이 없다고 말한다. 스킬은 구체적인 행동으로, 지식과 달리 습득하는 데 어느 정도 시간이 필요하다. 그리고 스킬을 능숙하게 구사하기 위해서는 반복적인 연습과 피드백이 요구된다. 기업에서 누가 임원들을 위해 이런 것을 해주겠는가?

그럼에도 리더들에게는 제대로 된 전략 기획이나 시스템만큼이나 구성원들과 제대로 소통할 수 있는 커뮤니케이션 능력이 필요하다. 전략이나 시스템이 똑똑한 조직을 만드는 데 기여한다면, 건전한 소통 문화는 건강한 조직을 만드는 데 매우 중요하다. 그래서 그토록 많은 시간을 리더십 교육에 할애하고, 유명 교수들을 불러 강의하지만 변화는 더디기만 하다.

리더십은 행동에서 비롯되고, 행동은 능숙한 스킬을 필요로 한다. 그리고 능숙한 스킬은 반복과 피드백을 통해 습득되고 개선된다. 그러나 부하 직원들은 상사의 기분을 상하게 하고 싶지 않기 때문에 건설적인 제안을 환영받지 못하는 어리석은 처사라고 생각한다. 사실 많은 고위급 임원들이 겉으로는 건설적인 비판을 장려하지만, 실제로는 듣고 싶어 하지 않는 것이 현실이다. 이러한 이유로 많은 임원들이 직급이 높아질수록 건전한 비판이나 피드백을 받을 기회가 적어지고, 본인의 수행 개선이나 성과 향상의 필요성을 덜 느끼게 된다.

이 때문에 결국 연말 성과 평가 시기가 돼서야 360도 다면평가 등의 피드백, 즉 자신의 리더십 스타일, 소통 방식, 대인관계 기술 등에 대한 구체적인 비판을 접하고 나면 깜짝 놀란다. 심지어는 본인의 전략, 주요 전술적 의사 결정, 업무 수행 우선순위에 대해서 비판을 받기도 한다. 최악의 시나리오는 본인만 모르는 상태에서 이미 오래전부터 부하 직원들 사이에서 많은 비판과 우려가 광범위하게 논의되고 있었다는 사실을 뒤늦게야 알게 될 경우다. 따라서 리더십을 개발하려는 사람들은 다양한 경험으로부터 학습을 해야 한다. 그중 첫 번째는 피드백을 얻을 수 있는 환경을 조성하는 것이다.

필자는 중견 간부 시절, 리더십 교육 프로그램 중 무기명으로 진행하는 '360도 온라인 프로파일'을 통해 상사나 동료, 부하 직원들로부터 리더십에 대해 평가를 받은 적이 있다. 그 결과는 정말 처참했다. 필자는 스스로를 꽤 괜찮은 리더라고 생각하고 있었다. 그러나 대부분의 평가 항목마다 스스로가 생각하는 점수와 주변의 다른 사람들이 생각하는 점수 사이에 상당한 차이gap가 있음을 알게 됐다.

그 후로 필자는 힘든 시기를 보내야 했지만, 그때를 계기로 리더십에 대해 진지하게 고민하게 되었다. 그리고 개인적인 노력과 주위의 도움으로 많은 변화와 성장이 일어났다. 그 사건은 필자에게 있어서 피드백의 중요성과 가치를 깨닫게 해준 고마운 계기가 되었다.

높은 지위에 오를수록 다른 사람들로부터 피드백을 받기란 쉽지 않다. 그럼에도 불구하고 관리자는 직원들로부터 피드백을 얻지 않으면 안 된다. 관리자가 자신의 리더십에 대해 객관적인 피드백을 제공받지 못한다면, 정작 필요한 고언은 사라지고 결국 소통에 문제가 생기게 된다. 따라서 관리자는 함께 일하는 직원들로부터 피드백을 얻을 수 있는 환경과 분위기를 적극적으로 조성해야 한다.

그렇다면 관리자는 어떻게 하면 직원들로부터 진실한 피드백을 얻을 수 있을까? 단순히 상대에게 요청한다거나 개방적인 태도로 허심탄회하게 논의한다고 해서 손쉽게 얻을 수 있다고 생각한다면 큰 오산이다.

관리자가 얻을 수 있는 피드백은 대부분 자신의 행동이 조직 내에 어떠한 영향을 미치는지를 확인하는 것과 관련이 있다. 직원들로부터 지속적으로 피드백을 받는 데 실패한 관리자는 정기적인 설문 조사를 통해 이 같은 정보를 얻을 수밖에 없다. 그리고 이러한 정보를 진심으로 수용하고 자신을 교정하는 태도를 보여준다면 앞으로도 관련 정보를 획득하는 것이 한결 수월해질 것이다. 반면 관리자가 진심으로 직원들에게 피드백을 요청하지 않거나 수용하는 모습을 보이지 않는다면 진실한 피드백은 점점 더 멀어질 것이다.

아울러 관리자가 이러한 피드백을 제공받기를 원한다면 자신이 먼저 직원들에게 진심 어린 피드백을 지속적으로 제공해 줘야 한다. 만일 직원들에게 아무런 정보도 주지 않고 침묵하는 태도로 일관한다면, 직원들도 관리자의 행동을 그대로 모방할 것이다. 반대로 관리자가 직원들을 진심으로 돕고자 하는 마음에서 조언을 한다면, 그들 역시 진심어린 피드백을 건네는 용기를 낼 것이다.

당신이 지금 리더의 위치에 있다면 한번 생각해 보라. 당신에게 진심 어린 피드백을 해주는 누군가가 있는지 말이다. 만약 그런 사람이 있다면, 당신은 비전이 있는 행복한 리더다.

7장

효과적인
피드백을 위한
제안

효과적인 피드백을 위한 제안

01

피드백 문화를 조성하라

리더와 직원들이 솔직하게 피드백을 주고받으려면 문화적으로 그것이 허용되어야 한다. 또한 코칭이나 멘토링에 상당 시간을 할애할 것인지 결정하는 것도 바로 기업의 문화를 주도하는 경영진이나 CEO의 몫이다. 이런 문화는 조직 상층부의 결단력을 필요로 하며, 그러한 결단이 내려졌다고 해서 자유롭게 피드백 하는 분위기가 짧은 시간 안에 형성되는 것은 아니다. 조직의 문화로 자리 잡기까지는 어느 정도 시간이 필요하다.

지금까지 다양한 분야에서 피드백이 중요한 역할을 한다는 것을 확인하였다. 그러나 대부분의 조직에서는 아직까지 활발한 피드백 문화가 조성되지 않은 것이 현실이다. 직원들은 여전히 자신에게 가장 필요한 스킬이 무엇이며, 성과를 향상시키는 최선의 방법이 무엇인지에 대한 조언을 듣기 어렵다.

그나마 최고의 기업들은 공식적인 코칭 프로그램이나 멘토링 프로그램을 운영하고 있다. 이런 기업들은 신중한 업무 배분과 대규모 인재 양성 프로그램을 통해 전반적인 인재 개발의 방향을 설정한다. 이런 기업의 CEO들은 그 자리에 오른 비결을 묻는 질문에 자신을 이끌어 주고 도와준 멘토의 중요성을 언급한다. 대표적인 예로 월풀Whirlpool의 CEO 제프 페티그Jeff Fettig의 이야기를 들어 보자.

"오늘날 제가 이 자리에 있는 것은 코칭과 멘토링이 요즘처럼 유행하기 전에 제 사회생활 초반에 저를 도와준 몇몇 사람들의 힘이 큽니다. 그들의 조언 덕분에 발전할 수 있었으니까요."

코칭이나 멘토링과 떼려야 뗄 수 없는 것이 바로 피드백이다. 우리는 정확하고 시기적절한 피드백이 얼마나 중요한 역할을 하는지 충분히 살펴보았다. 하지만 아직까지 많은 조직에서 솔직한 피드백을 듣기란 거의 불가능하다. 이러한 조직에서 이루어지는 연례 평가는 매우 간단하고 형식적인 경우가 대부분이다. 직원들은 본인의 성과를 제대로 평가받지 못하고 있고, 따라서 발전 가능성도 적다. 이처럼 조직 내에서 진정한 피드백이 일어나지 못하도록 방해하는 것은 바로 조직의 관습과 문화다. 조직 문화의 힘은 막강하다. 그러나 바꿀 수 없는 것도 아니다.

조직의 특성에 따라
다르게 피드백 하라

만일 세 사람이 한 프로젝트를 함께 수행하고 있다면 피드백은 팀의 수행에 관한 것이라야 한다. 팀별, 조별, 영역별 그리고 부서별 피드백을 개인 피드백과 함께 하는 것이 좋다. 다시 말해 항상 가능할 때마다 개인 피드백과 조직 피드백을 모두 주어라. 피드백 제공에서 가장 중요한 규칙은 개인 피드백은 개인적으로 제공되어야 하며 조직 피드백은 대부분 공개적으로 제공하는 것이다. 또한 조직 피드백은 그 조직의 특성에 따라 다르게 하는 것이 효과적이다.

경영학 저널Academy of Management Journal에 팀 창의성에 대한 흥미로운 연구가 실렸다. 연구자들은 피드백 유형에 따라 팀 창의성이 어떻게 달라지는지 확인하고자 하였다. 팀 창의성에 긍정적인 피드백이 더 효과적인지, 부정적인 피드백이 더 효과적인지 궁금했던 것이다. 그리고 이러한 피드백 효과가 팀의 다양성 수준에 따라 다른지 관심을 가졌다. 동일 직무를 수행하는 동질적인 팀과 TFT, 다기능 팀처럼 다양성이 높은 팀에 따라 효과적인 피드백이 다른지, 같은지 확인하고자 한 것이다.

연구자들은 피드백이 팀 창의성에 미치는 영향을 확인하기 위해 다음과 같은 실험을 설계하였다. 참가자들은 가상의 과제를 부여받았는데, 가령 극장 직원의 경우 창의적인 극장 운영 계획을 수립해야 했다. 팀은 세 명으로 구성되고, 동질적인 팀에는 과제 수행과 관련된 자료가 모두에게 공유되었다. 반면 다양성이 높은 팀에는 참가자에게 예술 감독, 행사 관리자, 재무 관리자 등 차별적인 역할을 부여했다. 그리고 자료 중 일부는 모두에게 공유되었지만, 나머지 일부는 특정 역할에게만 제공되었다.

과제 완성을 위해 총 30분의 시간이 주어졌고, 과제를 시작한 지 10분 후에 중간 산출물을 수거한 후 평점을 매겨 피드백을 제공하였다. 피드백은 조작된 것으로 부정적인 피드백 조건에는 낮은 백분위 순위(참신성 20%, 유용성 30%, 창의성 25%)를 전달하고, 긍정적인 피드백 조건에는 높은 백분위 순위(참신성 70%, 유용성 80%, 창의성 75%)를 전달하였다. 이후 피드백에 따라 과제 수행과 최종 산출물이 어떻게 달라지는지 측정하였다.

동질적인 팀과 다양성이 높은 팀 간에 창의성의 차이는 보이지 않았다. 다만 팀의 유형에 따라 창의성을 촉진하는 기제는 다른 것으로 나타났다. 동질적인 팀은 긍정적인 피드백을 받은 후 보다 창의적인 운영 계획을 수립하였다. 반면 다양성이 높은 팀은 부정적인 피드백을 받은 후 더 창의적인 계획을 구축하였다.

동질적인 팀은 긍정적인 피드백을 받은 후 아이디어를 더 활발하게 생성하였지만, 부정적인 피드백은 정보를 정교화 하는 활동을 저하시켰다. 다양성이 높은 팀은 부정적인 피드백을 받은 후 정보를 더 정교화하고 보다 활발히 아이디어를 생성했지만, 긍정적인 피드백은 오히려 정보 정교화를 감소시켰다. 피드백 자체는 팀 창의성에 직접적인 영향을 미치지 않으며, 정보 정교화, 아이디어 생성 등 팀의 정보 처리 과정을 통해 팀 창의성에 영향을 미치는 것으로 나타났다.

여러 연구에서 부정적인 피드백은 전략 수립을 촉진하고, 주어진 과제와 자원에 대해서 보다 꼼꼼하게 따지게 만드는 것으로 나타났다. 이런 연구 결과에 비추어 다양성이 높은 팀이 부정적인 피드백을 받으면, 자신이 보유한 정보를 보다 주의 깊게 따져보고, 더 공유하게 만들어 흩어져 있던 정보들이 통합, 정교화 되어 창의성이 촉진된다고 연구자들은 설명한다. 반대로 긍정적인 피드백은 지금의 수행이 충분하다는 증거로 작용하기 때문에 더 많은 노력을 들이는 것을 차단한다고 볼 수 있다.

동질적인 팀은 정보, 관점을 공유하기 때문에 새롭게 내놓을 수 있는 정보가 한정되어 있다. 그래서 부정적인 피드백은 더 활발한 논의를 촉진시킨다기보다는 "우리가 가진 정보, 아이디어가 좋지 않다"라고 받아들여져 사기 저하를 유발하고, 논의, 아이디어 제시 등을 위축시키는 것으로 해석된다. 하지만 긍정적인 피드백은 "잘 하고 있다"는 지표가 되기 때문에 더 활발하게 의견 제시, 즉 확산적 사고를 촉진하여 창의성을 발휘하게 만드는 것으로 보인다.

일부 리더들은 "창의성도 쪼면 다 나오게 되어 있다"라고 말한다. 그런 리더들의 주장은 경험에 기반한 실전 기술일까, 자신이 악질 리더라는 자백일까? 만약 이렇게 말한 리더가 각 개인이 가진 정보를 더 공유하게 하고, 도출된 대안을 더 꼼꼼하게 평가하도록 '쪼았다면' 그의 말은 사실일 것이다. 하지만 산출물을 일방적으로 저평가하며 직원들의 효능감을 낮추는 방향으로 '쪼았다면' 그것은 그의 착각이었을 것이다.

실험 결과를 조직 상황에 적용할 때에는 주의를 기울여야 한다. 실험 장면에서 부정적인 피드백은 하나의 정보로 작용하여 더 많은 노력을 이끌어 냈다. 하지만 조직에서 무조건 부정적인 피드백을 제공하면 직원의 수행을 저평가하는 리더의 성향, 조직의 풍토로 인식되어 부작용이 발생할 위험이 크다. 부정적인 피드백이 팀 창의성에 영향을 미친 것은 부정적인 피드백 그 자체가 아니라 해당 피드백이 정보 정교화, 아이디어 생성 등 팀의 정보처리 과정을 촉진했기 때문임을 놓쳐서는 안 된다. 그러니 조직의 특성에 따라 다르게 피드백 해야 한다.

실패하지 않는
피드백 방법

피드백을 조직의 성과 향상을 위한 강장제쯤으로 여기고 있는
추세다. 하지만 피드백을 두려워하는 사람도 많다. 피드백을 받
는 일이 즐거운 것만은 아니기 때문이다. 대부분의 사람들은 피
드백이란 단어를 '피드백을 받는 사람의 능력을 판단하는 일' 정
도로 이해한다. 그래서 피드백을 받는 사람은 상대방의 부정적인
평가를 피하기 위해 방어벽을 만들기도 한다. 이 때문에 피드백
을 제공하는 사람은 마치 심한 잔소리쟁이 부모처럼 여겨져 피드
백 하기를 주저한다.

그러나 거듭 강조하지만 피드백은 다른 사람의 능력이나 인격
에 대한 판단이 되어서는 안 된다. 그보다는 훌륭한 업무 성과에

대한 인정이나 업무 개선 방법에 대한 제안으로, 행동과 결과에 대한 객관적인 메시지를 제공해야 한다. 또한 피드백의 목표는 제공받는 사람이 학습과 성장 그리고 변화를 함으로써 목표를 향해 전진하도록 하는 데 있다.

다음은 피드백 방법을 잘 모르던 어느 팀장의 사례다.

필자에게 코칭을 요청한 J라는 여사원은 필자의 "고생이 많지요"라는 한마디에 울음을 터뜨리고 말았다. 이 여사원은 입사한 지 3개월 차에 접어들고 있었고, 일 년 정도 경력이 있었다. 그녀는 팀장으로부터 월간 실적에 대한 비교적 간단해 보이는 분석 보고서 작성을 지시받았다. 일주일간의 자료 수집 과정을 거쳐 작성된 보고서가 팀장에게 보고되었고, 보고서를 읽은 팀장이 J를 불렀다. 보고서가 마음에 들지 않았던 팀장은 그녀에게 다음과 같은 피드백을 했다.

"J씨는 일에 대한 의욕이 없는 것 같아. 일을 진행하는 중간에 물어보고 해야지. 이건 내가 생각했던 보고서가 아니잖아!"

팀장은 다시 할 것을 요구했고, 둘은 불편해졌다. 활발했던 J는 팀 내에서 눈치를 보기 시작했고, 의욕도 많이 떨어졌다고 했다. 코칭 과정에서 이를 알게 된 필자는 J에게 피드백 과정에서 무슨 일이 있었는지 질문했다. 그녀는 다른 말들은 받아들일 수 있으나 "일에 대한 의욕이 없는 것 같다"라는 말은 난생처음 들어봤으며 자신에게 큰 상처가 됐다고 했다. 이는 그 팀장이 피드백 하는 방법을 잘 몰라서 벌어진 일이었다.

피드백을 할 때는 그만큼 방법이 중요하다. 방법이 잘못되면 아무리 내용이 좋은 피드백이라 할지라도 상대에게 좋은 영향을 미치기 어렵다. 관리자의 의도가 직원을 진심으로 생각하는 마음에서 비롯되었다 해도 제대로 된 피드백의 원칙과 방법에서 벗어난다면 오해와 불만만 쌓이게 하는 결과를 가져올 수도 있다.

피드백에 관해 고도의 훈련을 받은 관리자들은 물론 이런 식으로 하지 않는다. 하지만 그들 역시 가까운 사람에게 파괴적이거나 부정적인 피드백을 제공하는 것에 대해 별로 인지하지 못하고 실수를 범하기도 한다. 일반적인 관계에서 경청과 질문이 중요하듯이 피드백 역시 그러하다. 그렇다면 보다 성공적인 피드백, 실패하지 않기 위한 피드백 방법으로는 어떤 것이 있을까? 다음과 같은 것이 있다.

1_ 적당한 시점에 피드백 하기

대화가 진행되는 동안 직원의 말을 가로막고 피드백 하는 것이 아니라, 직원의 말을 충분히 경청한 다음 이야기를 마쳤을 때 하도록 한다. 만약 직원의 말을 중간에 끊고 자신이 할 말을 한다면 그것은 피드백이 아니라 일방적인 설교에 불과하다.

관리자는 굳이 피드백이라는 용어를 사용하지 않더라도 직원의 말이나 표정, 제스처를 통해 피드백을 필요로 하는 순간을 간파하고, 그때 피드백 하는 것이 바람직하다. 즉, 피드백을 하기에 가장 좋은 시점은 직원이 관리자에게 피드백을 요구하는 순간이다. 신뢰 관계가 구축되어 있을 때는 직원에게 미리 피드백을 예고하거나 필요하면 언제든지 피드백을 요구해도 좋다고 말해 줘라.

2_ 피드백과 함께 격려하기

피드백을 제공할 때 상대가 잘한 것은 칭찬하고, 잘된 것은 축하해 주도록 해야 한다. 또한 잘하지 못한 것은 격려해 주고, 잘되지 않은 것은 위로해 주어야 한다. 이때 관리자에게는 직원의 감정 상태에 공감해 주려는 노력이 필요하다. 직원들이 실수한 것에 대한 후회나 자책감을 가질 때 책임을 묻기보다 따뜻하게 격려해 준다면, 직원들은 같은 실수를 반복하지 않기 위해 노력할 것이며, 관리자를 신뢰하고 존경하게 될 것이다.

3_ 자기 경험 공유와 공감하기

관리자가 직원들과 대화 도중 비슷한 경험을 했던 기억이 떠오른다면, 직원들의 심정을 보다 잘 이해하게 될 것이다. 관리자가 자신의 경험을 지나치게 많이 이야기하는 것은 자기중심적으로 비쳐질 수 있기에 바람직하지 않다. 그러나 관리자 역시 비슷한 경험이 있음을 짧게 내비치는 것은 그들로 하여금 동질감을 느끼게 하고, 마음을 좀 더 열어 당신의 이야기에 귀를 기울이게 하는 계기가 될 수도 있다.

4_ 동의 구하기

관리자는 직원들에게 피드백을 할 시간, 내용, 방향 등에 대해 사전 동의를 구하는 것이 좋다. 이는 사실 '동의'라기 보다는 '허락'이라고 표현하는 것이 더 맞다. 직원이 피드백을 허락한다는 것은 그만큼 관리자에게 열려 있다는 뜻이다.

허락에는 명시적인 허락과 암시적인 허락이 있다. 명시적인 허락은 피드백에 대한 허락을 구하는 관리자의 물음에 흔쾌히 "예"라고 대답하는 것이다. 한편 암시적인 허락은 직원이 관리자로부터 무엇인가 듣고 싶은 말이 있어 비언어적 눈빛, 손짓, 제스처 등인 신호를 보내는 것이다. 관리자가 인지 능력이 있다면 직원들의 이러한 암시적인 허락을 감지할 수 있을 것이다.

효과적인
피드백을 위한 제안

그동안 효과적인 피드백에 대한 많은 연구들이 행해졌다. 그리고 이러한 연구들을 통해 지금은 성공적인 피드백을 위한 구체적인 지침들이 많이 마련되어 있다. 이러한 지침들을 잘 활용하면 관리자들에게 피드백이 훨씬 덜 성가신 일로 여겨질 뿐만 아니라 직원들에게도 많은 도움이 될 것이다.

1_ 연례 평가 때만 피드백 하지 마라

많은 관리자들이 연례 평가 때만 형식적으로 피드백 하는 실수를 저지른다. 그러나 평가 시점까지 피드백을 미루는 것은 학습과 변화라는 기본 원칙에 위배되는 것이다. 피드백은 해당 상황이 발생한 시점에서 가장 가까운 시기에 이루어져야 한다. 예를 들어, 어떤 직원이 하는 일이 불만족스럽다면 그에게 그러한 사실을 그 자리에서 즉시 알려야 한다. 이는 성과에 대한 인정이나 칭찬할 때도 마찬가지다.

2_ 추측하지 마라

사람들은 대개 비판보다는 칭찬을 더 좋아한다. 인지상정이다. 그러나 직원들이 업무 수행과 관련해 관리자로부터 조언을 받거나 새로운 기술을 습득하거나 수행 방법을 개선하는 데 별로 관심이 없을 것이라고 함부로 추측해서는 안 된다. 직원들이 어떻게 하면 자신의 업무 수행 능력을 향상시킬지 고민하는 것은 너무나 당연하다. 일을 더 잘하게 되면 성취감과 자긍심도 그만큼 높아지기 때문이다.

3_ 성과가 만족스럽다면 즉시 피드백 하라

관리자가 요구하는 개선의 필요성을 직원들이 쉽게 받아들일 때는 언제일까? 관리자가 자신의 업무 수행을 만족스러워하고, 자신의 업무 수행을 돕고 있다는 믿음이 있을 때다. 그렇다면 조직에 기여한다는 사실을, 인정받고 있다는 믿음을 직원들에게 가지게 하려면 어떻게 해야 할까? "잘했어!", "훌륭해!"와 같은 평범한 말 이상의 칭찬을 해주면 된다. 관리자의 칭찬과 평가를 진심에서 우러나온 것으로 받아들이도록 "자네가 작성한 보고서는 설득력이 뛰어나. 특히 그 부분이 좋았어. 어떤 부분이냐면 말이야……"와 같이 잘한 부분을 사실에 기초해서 구체적으로 인정해 주는 것이다.

칭찬이 구체적이면 형식적이라는 느낌은 사라진다. 이러한 피드백은 단지 직원들에게 잘 보이려 하는 것과는 다른 인상을 준다. 직원들이 계속해서 잘해 주기를 바라는 부분을 피드백 하는 것도 효과적이다. 마찬가지로 개선할 점을 피드백 할 때도 즉시 하는 것이 중요하다.

4_ 사실적인 상황만 평가하고, 부정적인 감정은 자제하라

긍정적인 내용의 피드백과 개선의 필요성에 대한 피드백은 모두 사실에 기반해야 한다. 단, 긍정적인 면에 대해 피드백할 때는 긍정적인 평가를 수반해야 할 필요가 있는 반면, 개선점을 지적할 때는 부정적인 감정을 자제하는 것이 바람직하다.

예를 들면, "정말 엉망이다"라는 식으로 말해서는 곤란하다. 그보다는 "이렇게 하는 것보다는 다른 방법으로 하는 게 좋을 것 같은데"와 같이 부정적인 감정을 자제하고 희망적인 대안을 제시하는 것이 훨씬 효과적이다. 조금만 노력하면 만족스러운 성과를 낼 수 있는 직원에게 "왜 이렇게밖에 못하는 건가", "아마추어 같으니라고", "자네 수준이 이 정도였나?"라고 비난하는 것은 절대 금물이다. 이미 좋지 않은 상황으로 인해 낙담하고 있을 직원에게 안 좋은 평가까지 곁들인다면, 상대는 모욕감을 느껴 잘해 보겠다는 의욕마저 잃게 된다.

5_ 업무와 관련된 행동에만 초점을 맞춰라

일부 관리자들은 직원들의 업무 성과나 조직의 성공과는 전혀 관련 없는 개인적 특성이나 사적인 일에까지 지나칠 정도로 참견한다. 심지어 복장에 대해서까지 사사건건 트집을 잡는다. 사실 직원들의 개인적인 특성이나 행동, 생활 방식 등은 관리자가 상관할 바가 아니다. 이런 것들까지 일일이 간섭하다가는 관계가 틀어져 정작 직원들의 업무 수행이나 성과 달성에 악영향을 끼치게 된다. 유능한 관리자가 되려면 이처럼 쓸데없는 감정 소모에 열을 올리는 대신 업무에 심각하게 영향을 미치는 요인들에만 집중하도록 노력해야 한다.

6_ 양방향 커뮤니케이션을 실천하라

직원을 가르치려 들기 전에 무엇이 문제인지, 어떻게 하면 그 문제를 해결할 수 있을지 함께 논의하는 것은 합리적이다. 다만 직원이 업무를 맡은 지 얼마 되지 않아서 별로 의미가 없을 때는 생략해도 된다. 또한 관리자가 어떻게 조치해야 하는지 절대적인 확신이 있고, 직원들도 그 뜻에 전적으로 동의할 경우에는 문제 해결 과정에 참여시킬 필요가 없다. 이런 상황에서 원하는 것을 분명히 말해 주지 않고 대화에 참여시킬 경우, 직원들은 오히려 관리자의 의도를 오해할 수도 있다. 이처럼 예외적인 경우를 제외하고는 직원들과 대화할 때 그들의 의견을 진심으로 묻고, 이야기를 경청해야 한다.

7_ 피드백은 개선을 위한 행동임을 기억하라

당신이 새롭게 기대하는 행동은 직원 입장에서 실행이 가능해야 한다. 그러나 직원들은 그 밖에도 처리할 업무들이 산적해 있거나, 그 일에만 집중할 수 있는 상황이 아닐 수도 있다. 직원에게 요구하는 행동이 너무 많아지면 그들은 망연자실한 나머지 아무 일도 하지 못하거나 피상적으로 일하게 된다. 따라서 당신이 생각하기에 가장 중요하면서도 시급한 문제에 초점을 맞춰 한 번에 한두 개 정도만 개선하도록 당부하는 것이 좋다. 특히 직원 입장에서 실행 가능성이 높고, 성과에 가장 큰 영향을 미치는 행동을 중심으로 정한다.

8_ 지속적으로 강화하라

피드백을 제공한 후에도 지속적으로 진행 상황을 파악해야 한다. 즉, 수행이 제대로 이루어지고 있는지, 결과는 어떠한지, 무언가 미진한 점은 없는지, 지원이나 도움이 필요한 부분은 없는지 계속해서 관찰해야 한다. 이 과정에서 관리자는 직원들이 이룬 변화에 대해 다시 한 번 피드백을 할 기회를 얻게 되고, 직원들은 훌륭한 수행이나 개선 행동을 더욱더 강화하게 된다.

9_ 명확한 분야만 피드백 하라

직원들에게 피드백을 할 때 부정확하거나 어설퍼서는 안 된다. 직원들은 이러한 피드백에는 귀를 기울이지 않는다. 최근 젊은 세대들은 스스로 이해가 되지 않으면 좀처럼 움직이지 않는 특성을 보인다. 따라서 피드백을 제공할 때는 능숙한 분야의 정확한 지식으로 무장한 후 겸손하고 정직한 자세로 임해야 한다.

최고의 피드백
'자기조절'

자기조절은 자신의 행동을 점검하고, 목표 달성을 위해 특정 행동을 의식적으로 조정하는 것을 말한다. 자기조절의 핵심은 목표를 설정하고 계획하며, 그 목표를 달성하고자 노력하고, 달성된 목표를 수정하며, 피드백에 주의를 기울이는 일련의 활동 속에서 찾아볼 수 있다.

예를 들면, 흡연자들이 금연을 시도하는 모습을 본 적이 있을 것이다. 그들은 더 이상 담배를 구매하지 않고, 다른 흡연자들과의 접촉을 피한다. 만약 이러한 자기조절 행동이 성공적이어서 금연이라는 목표를 달성한다면, 그들은 스스로를 칭찬하거나 보상하는 의미로 흡연을 대신해 만족감을 가져다줄 다른 대안을 찾게 된다.

자기조절에는 수많은 행위가 포함되는데, 그중 몇 가지가 이 책의 논의 주제와 밀접한 관련이 있어 소개한다. 뉴욕시립대학교 교수인 배리 J. 짐머맨Barry J. Zimmerman과 그의 동료들은 자기조절 행위에 대해 광범위하게 연구한 결과, 신중하게 계획된 연습의 특성들이 자기조절의 핵심 구성 요소인 것을 밝혀냈다. 즉, 효과적인 자기조절은 어떤 일을 하기 전에, 하는 도중에. 그리고 끝난 후에 하는 것을 뜻한다. 앞서 앤더스 에릭슨의 '신중하게 계획된 훈련'을 제프 콜빈Geff Colvin은 일명 '위대한 성과의 원리'라고 표현했다. 그리고 이것을 비즈니스에 적용하는 방법을 자기조절 이론을 통해 다음과 같이 제시했다.

1_ 사전 작업

자기조절은 목표 설정에서 시작된다. 목표라고 해서 거창한 인생 목표를 말하는 것이 아니다. 단지 그날 할 일을 정하는 식의 당면 과제를 말한다. 연구 결과, 업무 실적이 가장 저조한 사람들은 전혀 목표를 세우지 않고 하던 일을 그대로 답습하는 것으로 나타났다. 중간 정도의 실적을 나타내는 사람들은 '더 많은 주문을 따내자', '수익을 창출하자', '새 프로젝트를 제안하자'와 같은 일반적이고 단순한 목표를 세웠다.

반면 최고의 성과자들은 결과에 초점을 맞추는 것이 아니라 과정에 초점을 맞춘 목표를 세웠다. 예를 들어, 단순히 주문을 따내겠다는 목표 대신 그들은 고객들의 진짜 니즈needs를 알아내는 어려운 과업을 목표로 삼았다. 이것은 신중하게 계획된 훈련의 첫 단계와 무척 흡사하지만, 정확하게 일치하지는 않는다. 최고의 성과자들은 그러한 목표를 실행할 때 마치 피아노 연주자가 특정 소절을 집중해서 연습하듯이 자신이 목표로 한 수행을 향상시키는 데 집중한다.

목표를 설정한 다음에는 목표 달성 방법을 구상한다. 최고의 성과자들은 이 단계에서도 특정한 기술에 초점을 맞춰 계획을 구체적이고 명확하게 세운다. 어느 것 하나 대충 넘어가지 않고 모든 세부사항을 계획하는 것이다. 고객들의 진짜 니즈를 파악하는 것이라면 그들은 첫 번째 당면 과제로 고객의 목소리에 귀를 기울여 단서가 될 만한 사항들을 찾아내거나 적절한 질문을 통해 고객이 직접 이야기하도록 유도한다.

사전 작업에서 무엇보다 중요한 것은 태도와 신념이다. 당신은 목표를 달성하기 위해 매일매일 해야 할 일을 계획하기는 힘들다고 생각할지도 모른다. 사실 그렇기는 하다. 계획한 것을 꾸준히 실천하기 위해서는 강력한 동기부여가 뒷받침되어야 한다. 그렇다면 그러한 동기부여는 어디서 비롯되는 것일까? 최고의 성과자들은 자신의 실행 능력에 대한 자신감, 즉 학자들이 자아효능감

self-efficacy이라고 부르는 자기에 대한 강한 신념을 바탕으로 계획한 일들을 꿋꿋이 해나간다. 또한 그들은 자신이 한 일에 반드시 보상이 따를 것이라고 확신한다.

2_ 일하는 도중

최고의 성과자들이 업무를 수행하는 동안 사용하는 가장 핵심적인 자기조절 기술은 자기 관찰self-observation이다. 예를 들어, 평범한 마라톤 선수들은 경기 중에 달리기가 아닌 다른 일을 생각하는 경향이 있다. 너무 고통스러운 나머지 주의집중을 다른 데로 돌리는 것이다. 반대로 최상위 선수들은 무시무시할 정도로 자기 자신에게 집중한다. 특히 호흡과 발걸음까지 확인하면서 일정 비율을 유지한다.

정신노동에도 같은 원리가 적용된다. 최고의 성과자들은 최고의 마라톤 선수들처럼 자기 자신을 치밀하게 관찰한다. 그들은 외부 관찰자처럼 자기 마음속에서 일어나는 일들을 감시하고, 그 안에서 일어나는 일들에 대해 스스로에게 질문을 던진다. 즉, 학자들이 상위인지metacognition라고 부르는 이 능력은 자신이 현재 무엇을 하는지 파악하고, 스스로에게 자기 생각에 대해서 말하는 것을 뜻한다. 이들은 다른 사람들보다 훨씬 더 체계적으로, 그리고 일상적으로 상위인지를 활용한다.

상위인지가 중요한 이유는 그것이 끝까지 유지될 때 상황을 변화시키기도 하기 때문이다. 상위인지는 변화무쌍한 환경에 적응하는 데 매우 중요한 역할을 한다. 어떤 협상에서 상대가 예상치 못한 문제를 제기했을 때, 뛰어난 사업가라면 잠깐 생각을 멈추고 자신의 정신과정을 객관적으로 관찰하면서 질문을 던질 것이다. '내가 저 사람의 의도를 제대로 파악하고 있나?', '나는 지금 화가 난 걸까? 감정적으로 대처하고 있지는 않은가?', '전략을 바꿔야 하나? 그렇다면 어떤 전략을 세워야 하는가?'와 같이 말이다.

또한 상위인지는 그것을 발휘하는 사람으로 하여금 서서히 전개되는 상황에서 연습할 기회를 발견하게 해준다. 이들은 자신의 생각을 관찰하면서 다음과 같이 자문할 것이다. '이런 상황에서는 어떤 능력이 필요한가?', '그 능력은 어떤 식으로 도움이 되는가?', '좀 더 밀어붙일 수 있을까? 그러려면 어떻게 해야 할까?'라고 말이다. 이처럼 상위인지 능력은 어떤 일을 하는 동시에 그 일을 연습할 수 있게 해준다.

3_ 사후 작업

결과에 대한 피드백이 없으면 연습은 헛일이 된다. 마찬가지로 사후 평가를 하지 않으면 업무 중에 발견한 연습 기회는 아무 소용이 없게 된다. 사후 평가는 자기 평가 형태를 띤다. 뛰어난 성과자들이 스스로를 평가하는 방식은 보통 사람들과는 다르다. 그들은 목표를 정하고 전략을 세울 때처럼 매우 구체적으로 접근한다. 평범한 사람들은 '아주 잘했어' 또는 '그 정도면 괜찮아' 정도에 그치는 반면, 최고의 성과자들은 목표와 기준을 명확히 정하고 그에 따라 평가한다.

예를 들어, 지금껏 자신이 이룬 최고의 성과와 비교할 수도 있고, 경쟁자나 해당 분야 최고의 성과와 비교할 수도 있다. 어떤 식이라도 상관없다. 신중하게 계획된 훈련에서는 현재 자신의 한계를 뛰어넘는 데 도움이 될 만한 비교 대상을 선택한다. 이때 기준이 너무 높으면 의지가 꺾이고, 너무 낮으면 진전을 가져올 수 없다는 점을 유념하기 바란다.

스스로 충분히 분발하고 그 결과를 냉정하게 평가했다면, 자신이 저지른 실수도 찾아낼 수 있을 것이다. 자기평가에서 가장 중요한 부분은 실수의 원인을 찾아내는 것이다. 평범한 사람들은 '상대가 운이 좋았어', '나한테는 무리였어', '나는 재능이 없나 봐'라는 식으로 그 원인을 외부에서 찾는다. 반대로 최고의 성과자들은 자기 자신에게 책임을 묻는다. 이것은 결코 성격이나 태도의 차이가 아니다. 이들이 기술 향상에 초점을 맞춘 구체적인 목표와 전략을 세우고, 그 방법에 대해 철저히 고민한다는 사실을 기억해 보라. 따라서 이들은 자신이 시도한 일에 실패하면 그 원인을 자신의 행동에서 찾는다.

사후 작업의 마지막 단계는 그때그때 변화된 상황에 맞춰 행동 방식을 재조정하는 것이다. 당신은 이미 팀 미팅이나 증권 거래소 업무, 분기별 예산 검토, 고객 방문 등 다양한 업무 경험을 했다. 또 어떤 목표를 달성하고, 무엇을 향상시켜야 할지에 대해서도 고민했다. 하지만 당신의 업무는 평상시와 다를 바가 없다. 자, 이제 당신은 어떻게 할 것인가?

당신의 경험은 완벽하지 않다. 업무 상황은 시시때때로 변하고 미처 예상치 못했던 일들이 계속해서 발생한다. 그때마다 주변에 피드백을 요청할 수는 없는 노릇이다. 이럴 때 평범한 사람들은 그 상황을 회피한다. 당연하다. 이들은 예상치 못한 상황에 대처하는 방법이나 그때 시도하게 될 행동이 목적 달성에 어떤 영향을 미칠지 진지하게 생각해 보지 않았기 때문이다. 이들은 문제가 생기면 스스로 통제할 수 없는 불확실한 외부의 힘을 탓한다. 그 결과 유사한 상황이 반복된다 해도 어떤 방식으로 대처하고, 더 잘 적응할지에 대한 단서를 찾을 수 없다. 그들은 그때마다 그 상황을 회피할 뿐이다. 즉, 이들에게는 성과를 향상시킬 수 있는 기회가 주어지지 않는다.

반면 탁월한 성과자들은 이런 경우 상황에 맞게 행동 방식을 재조정한다. 그들은 이제 처음과 전혀 다른 과정을 거치고 있기 때문에 그 상황에 어떻게 적응할지 올바른 판단을 내릴 수 있다. 즉, 이번 경험을 통해 더 나은 성과를 올릴 수 있는 유용한 교훈을 얻어서 다음번에는 더욱더 잘해낼 가능성이 크다. 이처럼 탁월한 성과자들은 특정 상황을 회피하기보다 오히려 그 상황을 적극 활용해 연습의 기회로 삼는다.

여기서 당신은 그들이 왜 사전 작업 단계에서 살펴본 특성과 태도로 업무에 임하는지 이해할 수 있을 것이다. 본질적으로 그들의 경험은 명확한 목표와 전략을 위한 시험대나 마찬가지다. 그들의 업무 접근 방식은 보다 전략적이며, 자기 성과에 대한 분석 기준은 보다 명확하다. 그만큼 자기 방식의 효율성에 대한 믿음이 크며, 이러한 확신은 자기강화 주기self-reinforcing cycle에 가속도를 붙이는 데 결정적인 동기를 제공한다.

8장

고수의 피드백

고수의 피드백

일생에 한 번은
고수를 만나라

필자는 나이 마흔에 가족들의 만류에도 불구하고 잘 다니던 직장을 그만두었다. 사실 그전에 직장을 그만두고 혼자서 독립하고 싶은 마음도 있었지만 용기가 없었다. 그런데 마흔에 옮긴 직장은 나의 기대를 완전히 빗나갔다.

하지만 뾰족한 수가 없던 나는 어쩔 수 없이 새 직장에 적응하며 다녀야 했다. 그때 처음으로 월요일이 힘들다는 생각을 해보았다. 혼란과 방황이 계속되었는다. 나를 더욱 힘들게 했던 것은 주변에 조언을 구할 만한 스승이나 인생 선배가 단 한 명도 없다는 사실이었다. 초고속 승진과 높은 연봉을 쫓으며 앞만 보고 달려온 결과였다.

지푸라기라도 잡고 싶은 절박함에 '5천만의 꿈'이라는 단식을 병행하는 3박 4일간의 워크숍에 참석했다. 인생 고수 구본형 선생과의 인연은 그렇게 시작됐다. 그는 나도 잘 모르던 나의 잠재력과 강점을 알아보았다. 그리고 홀로 설 수 있도록 내 손을 잡아주었다. 그때 나는 처음으로 '진짜 꿈'을 생생하게 그려 보게 됐다.

10년이 지난 지금 그때의 꿈은 모두 현실이 되었다. 다음은 그가 평상시 자주 하던 말이다.

"나는 평범한 인간 속에 살고 있는 위대함에 열광한다. 자신의 삶 속에서 그 위대함을 끄집어내어 훌륭한 인생을 살아가게 될 평범한 사람들의 잠재력에 몰두한다. 나는 평범하고 초라한 사람들이 어느 날 자신을 일으켜 세우는 위대한 순간을 목격하고 싶다. 나도 그들 중 한 사람이고 싶다. 그들이 꽃으로 피어날 때 그 자리에 있고 싶다. 이것이 내 직업이 내게 줄 수 있는 가장 아름다운 풍광이다."

그의 제자들은 그를 '사부'라 부른다. 비록 지금은 우리 곁을 떠났지만, 그가 남긴 말들은 우리들 가슴속에 오래도록 남아 있다. 그는 아낌없이 주는 한 그루 나무 같았다. 지나고 보면 스승이 없는 것이 아니라, 스승을 알아보는 현명한 내가 없었다. 내가 어리석었기에 스승을 알아보지 못했던 것이다. 배우겠다는 겸손한 자세로 찾다 보면 언제, 어디서나 스승을 만날 수 있었을 텐데 말이다. 그 스승의 말에 귀를 기울이고 배우며 실천하다 보면 당신의 인생도 분명 달라질 것이다.

전미 대학농구선수권대회에서 UCLA 팀을 10차례나 우승으로 이끌고, 감독 생활 동안 664승 162패로 승률 80.4%를 기록한 미국 대학농구의 전설적인 감독 존 R. 우든John Robert Wooden은 그의 성공 비결을 훌륭한 스승들 덕분이라고 했다. 그는 늘 스승을 찾아 나섰다. 고등학교와 대학교 시절 만난 두 명의 스승을 통해 농구 기술에 대해서는 누구보다도 체계적으로 잘 알고 있었지만, 그는 한시도 스승을 찾는 노력을 게을리 하지 않았다.

고수들의 한마디, 고수들의 질문은 엄청난 힘을 주는 피드백이다. 평범한 원석도 고수의 손을 거치면 보물이 된다. 다음은 구본형 변화경영연구소 연구원 출신인 작가 홍승완 씨가 자신이 운영하는 브런치https://brunch.co.kr에 올린 글이다.

스승이 누구냐에 따라 삶이 달라진다. 비범한 인물 뒤에는 훌륭한 스승이 있다. 철학자 플라톤(Platon)에게는 소크라테스(Socrates)라는 스승이 있었고, 플라톤 또한 스승이 되어 아리스토텔레스(Aristoteles)라는 걸출한 제자를 키워냈다. 조선 실학의 최고봉 다산 정약용(茶山 丁若鏞)은 성호 이익(星湖 李瀷)을 "우리가 능히 천지가 크고 일월이 밝은 것을 알게 된 것은 모두 이 선생의 힘"이라며 존경하여 사숙(私淑)했고, 음악을 늦게 시작한 작곡가 이고르 스트라빈스키(Igor Stravinsky) 뒤에는 림스키코르사코프(Rimsky-Korsakov)라는 '아버지 같은 스승'이 있었다. 인간 승리의 대명사로 많은 존경을 받는 헬렌 켈러

(Helen Keller) 곁에 앤 설리번(Anne Sullivan) 선생이 없었다면 그녀의 고귀한 삶도 없었을지 모른다.

누구에게나 스승이 필요하다. 내게도 스승이 있다. 변화경영 전문가 구본형 선생을 나는 사부師父라 부른다. 선생이라는 호칭에 내 마음을 담을 수 없어 자연스럽게 나온 표현이다. 그와 15년을 함께했다. 책으로 처음 만났고, 몇 년 후 직접 만나 사제의 연을 맺었다. 그를 통해 내 꿈과 재능을 발견하고, 핵심 가치에 충실한 삶의 모습을 생생하게 관찰할 수 있었다. 우리는 함께 공부하고 여행하고 술을 마시고 책을 썼다. 사부는 내 안의 잠재력을 비추는 맑은 거울이었고, 내가 원하는 삶을 상상할 수 있도록 하는 구체적인 질문이었으며, 삶의 방향성 정립을 도와주는 밝은 등대였다. 사부는 2013년 4월 세상을 떠났다. 더 이상 만날 수 없지만, 그는 내 마음속에 살아 있다.

나는 이제 그를 '마음속 스승'이라 부른다. 내가 '마음속 스승'이라는 주제로 글을 쓰고자 하는 이유는 나 스스로 역할 모델과 스승의 중요성을 체험했기 때문이다. 사람은 사람에 의해 바뀌고, 사람을 통해 성숙한다. 스승은 한 사람의 삶에 지대한 영향을 미친다. 내가 자신만의 역할 모델을 찾아서 깊이 배워야 한다고 믿는 이유다. 나는 독자들의 가슴에 다음과 같은 불씨를 던져줄 수 있는 글을 쓰고 싶다.

그대에게 영감을 주는 스승을 찾으세요.
스승 안에 그대가 있고
그대 안에 스승이 있습니다.
그를 관찰하고 모방하고 힘껏 배우세요.
그러면 스스로 바로 설 수 있습니다.
새로운 인생이 펼쳐집니다.

패턴 읽기와 복기

1_ 패턴 읽기

바둑이나 장기 또는 체스의 고수들은 패턴 인식과 형성에 능한 사람들이라는 연구 결과가 있다. 이는 무려 반세기 전인 1960년 대에 이미 발표되었다. 인공지능의 창시자인 미국 카네기멜론 대학의 허버트 A. 사이먼Herbert Alexander Simon 교수도 그의 명저 『인공 과학의 이해』에서 체스 고수의 패턴 인식 능력을 보여준다.

게임이 진행 중인 체스판 위의 말을 5초 동안 보게 한 뒤 빈 체스판에 위치를 복원해 보라고 하면, 초보자는 전혀 감을 못 잡지만 고수들은 거의 완벽하게 맞힌다. 흥미로운 사실은 판 위에 임의로 말을 올려놓은 뒤 똑같은 실험을 하면 초보자나 고수나 똑같이 못 맞춘다는 것이다. 결국 체스 고수는 사진을 찍듯이 판 위 말의 위치를 외우는 게 아니라 게임이 진행되면서 그렇게 놓이게 된 패턴을 인식한다는 말이다.

사이먼 교수는 "체스 대가의 장기 기억 속에 축적되어 있는 유사한 조합의 수는 총 5만 가지다. 5만 가지 각기 다른 항목 사이의 독특한 특징을 검색하는 체계는 아주 빠르게 그것의 독특한 특징을 구별해 낼 수 있다"라고 언급했다. 체스 대가 한 사람이 50명과 동시에 시합할 수 있는 이유다. 이 정도의 패턴을 익히려면 1만 시간을 투자해야 한다는 게 사이먼 교수의 주장이다. 어떤 분야건 대가가 되려면 예외는 없다. 하루 4시간을 들인다면 10년의 노력이 필요하다.

이창호 국수는 불과 열네 살 때 대가가 됐다. 하지만 이때 이미 바둑에 1만 시간 이상을 투자했을 것이다. 실제로 조훈현 국수의 부인은 "깊은 한밤중에도 창호의 방에서는 어김없이 바둑돌 놓는 소리가 들려왔고, 이따금씩 새벽에 잠에서 깨도 그 소리를 들었다"라며 그의 내제자內弟子 시절을 회상했다. 내제자란 스승 집에서 숙식을 함께하며 배우는 제자로, 당시나 지금이나 유례가 거의 없었다. 결국 이창호는 1990년 스승을 꺾고 첫 우승을 했고, 이듬해 조훈현은 "더 이상 가르칠 것이 없다"며 7년 만에 제자를 하산시켰다. 10대 후반부터 한국 바둑의 1인자가 된 그는 20대가 돼서는 세계 바둑의 1인자로 올라섰다.

이창호 국수는 패턴 인식, 패턴 형성, 유추, 통합이 바둑을 두는 데 있어서도 중요한 요소라고 말한다. 또 '닮지 않은 사물 사이의 기능적인 닮음'을 뜻하는 '유추'에 대해서도 "새로운 수의 출현으로 변형되는, 그러나 본질적으로 닮을 수밖에 없는 정석의 개량 형태에 관한 설명이라고 해도 전혀 어색하지 않다"라고 언급했다. 이처럼 고수들은 성과의 패턴을 그 누구보다도 잘 알고 있다.

2_ 복기

다음은 조훈현 국수가 자신의 저서 『고수의 생각법』에서 한 이야기다.

가장 좋은 방법은 날마다 그날의 바둑을 복기하는 것이다. 낮에 둔 바둑을 그대로 기억하여 다시 놓는 것은 바둑 공부의 기본이다. 그날 둔 바둑은 현재의 내 실력과 수준을 그대로 보여주는 거울이다. 잘못된 게 있으면 지금 고치고 넘어가야 한다.

'세고에' 선생님은 바둑을 하나하나 친절히 가르쳐주는 분은 아니었지만 복기만큼은 엄격히 챙기셨다. 저녁을 먹고 그날 둔 바둑을 복기하는 건 당연한 일과였다. 선생님 앞에서 복기를 하고 있으면 가끔 손가락으로 돌 하나를 가리키셨다. 아무 표정도 말씀도 없었지만 나는 그 돌이 내가 연구해야 할 '수'라는 것을 이해했다.

프로기사들은 복기쯤이야 노력하지 않아도 저절로 되는 법이고, 기보도 한번 보면 순식간에 외워버리는 게 당연하다고 생각한다. 나는 창호에게 한 가지 주문을 했다.

"다른 건 몰라도 그날 둔 바둑만큼은 꼭 기억하도록 해라. 그걸 알아야 너의 바둑을 반성하며 고쳐 나갈 수 있다."

그 후로 창호는 굉장히 노력했다. 창호도 이제 권좌에서 내려온 지 꽤 되었지만 지금도 자나 깨나 복기하고 기보를 연구한다. 그는 대국이 끝난 후에도 상대방이 원할 경우 굉장히 꼼꼼하게 복기를 해준다. 상대방이 질문하면 자신의 전략을 남김없이 말해준다. 중국 바둑 팬들이 창호를 유난히 좋아하는 이유도 겸손한 태도로 복기에 임하는 모습 때문이라고 한다.

바둑에 승자와 패자가 머리를 맞대고 대국 내용을 되짚어 보는 복기가 있는 것처럼, 개인이든 조직이든 실패와 성공의 과정을 돌아보며 무엇을 잘했고 무엇을 잘못했는지 정확히 알고 넘어가는 것이 중요하다. 복기를 잘해 두면 같은 실수를 반복하지 않고, 더 빨리 더 좋은 방법을 찾을 수 있다.

고수, 마스터 코치

『탤런트 코드』, 『베스트 플레이어』, 『아웃라이어』, 『재능은 어떻게 단련되는가?』, 『1만 시간의 법칙』은 '타고난 재능보다 후천적 노력이 특정한 분야에서 최고를 만든다'는 사실을 강조하는 책들이다. 이 주장은 콜로라도 대학교의 앤더스 에릭슨 Anders Ericsson 이 1993년에 발표한 논문 내용을 기반으로 한다. 에릭슨의 논문은 지금까지 다른 논문에 4,437회나 인용될 정도로 심리학계에 커다란 영향을 미쳤다. 이들은 워런 버핏, 잭 웰치 Jack Welch, 빌 게이츠 Bill Gates 처럼 '큰돈을 버는 사람들은 무엇이 다른가?', '어떻게 그런 능력자가 되었는가?'를 물었다. 이를 위해 역사적으로 천재로 알려져 있을 만큼 능력이 탁월한 예술가와 운동선수들을 분석했다.

천재이며 신동형 작곡가였던 모차르트W. A. Mozart는 18년 동안 강도 높은 훈련을 받았다고 한다. 그의 아버지 레오폴트 모차르트Leopold Mozart는 당시 유명한 작곡가이자 연주자였는데, 모차르트에게 세 살 때부터 작곡과 연주를 엄하게 가르쳤다. 모차르트에게 아버지는 뛰어난 교육자였던 셈이다.

타이거 우즈Tiger Woods의 아버지 얼 우즈Earl Woods는 학사장교 후보생을 가르치던 교육자이자 골프광이었다. 얼은 7개월 된 타이거 우즈에게 골프채를 쥐어주고 채 두 살이 되기도 전에 그를 꾸준히 연습시켰다고 한다. 타이거 우즈는 초등학생 때부터 유명인이 되었고, 비록 우승하지는 못했지만 열아홉의 나이에 워커컵 미국과 영국 간의 아마추어 골프대회의 출전 선수로 뽑혔다. 그는 네 살 이전까지는 아버지에게, 네 살 이후 17년간은 전문 코치에게서 혹독한 훈련을 받았다.

카네기멜론 대학의 존 헤이스John R. Hayes 교수는 다양한 시기에 활동한 작곡가 76명을 연구했다. 그리고 당시 구할 수 있는 음반 수를 토대로 이 작곡가들의 대표작 500곡 이상을 조사한 후 다음과 같이 결론 내렸다.

"이 작품들 가운데 작곡가가 경력 10년이 되기 전에 완성한 것은 단 세 곡뿐이었는데, 그것도 8년이나 9년째 되는 해에 작곡한 작품이었다."

이 76명은 작곡을 시작한 후로 약 10년간 세상에 주목받는 작품을 거의 내놓지 못했다. 헤이스 교수는 명작을 탄생시키기 위해서 반드시 거쳐야 하는 준비 기간을 '침묵의 10년'이라 했다. '1만 시간의 법칙'과 상통하는 부분이다.

신경과학자 다니엘 레비틴Daniel Levitin은 "어느 분야든 세계 수준의 전문가가 되려면 1만 시간의 연습 시간이 필요하다"는 연구 결과를 내놓았다. 작곡가, 야구 선수, 소설가, 스케이트 선수, 피아니스트, 체스 선수 등 어떤 분야의 전문가든 그들이 자기 분야에 공을 들인 시간을 보면 1만 시간 이상이라는 사실을 확인할 수 있다.

1만 시간이면 대략 하루에 세 시간, 일주일에 스무 시간씩 10년 동안 연습한 것과 같다. 어느 분야든 이보다 적은 시간을 연습해 세계 수준의 전문가가 탄생한 경우는 없었다고 한다. 그렇다면 20년, 30년, 40년 동안 한 우물만 판 사람은 모두 최고가 되었단 말인가? 그렇지 않다. 왜일까? 전문가가 된 사람들은 그렇지 못한 사람들과 달리 '신중하게 계획된 훈련'을 실행했다. 앞서도 언급했지만 '신중하게 계획된 훈련'은 개선할 부분을 예리하게 찾아내서 집중적으로 훈련한다. 아울러 그들의 훈련을 전문가가 지켜보면서 바로바로 피드백을 해준다. 이렇게 꾸준히 오랫동안 연습한 결과로 실력이 향상됐던 것이다.

그 외에도 그들처럼 전문가가 되기 위해서는 필요한 몇 가지가 더 있다. 훈련 자체에 집착하는 내적 열정과 실패를 거듭해도 결국 성공하고야 말 것이라는 자기 확신이 그것이다. 『탤런트 코드』
의 다니엘 코일Daniel Coyle은 탁월한 능력을 발휘하는 사람들의 뒤
에는 항상 그들을 잘 알고 지속적으로 지적하고 격려해 주는 스승
이 있었으며, 그 스승들은 마스터 코치로서 다음과 같은 특징들을
가지고 있었다고 한다.

- 첫 번째는 학습자의 지식 매트릭스를 작동시키는 것이다. 훌
  륭한 스승은 항상 더 깊이 파고든다. 그들은 학습자가 어느 정
  도 할 수 있는지를 파악해 그만큼 이끌 수 있는 역량이 있다.
- 두 번째는 관찰력이다. 그들의 눈은 날카롭지만 따뜻하며, 무
  섭도록 오랫동안 한곳을 응시한다. 학습자를 꿰뚫는 것이다.
- 세 번째는 학습자에게 생생한 정보를 제공하고 단호하게 명
  령하는 것이다. 마스터 코치는 짧지만 생생하고 분명하게 연
  속해서 정보를 전달한다. "이제 ……를 해봐", "자, ……해야
  지"처럼 짧으면서도 고압적이지 않게 명령한다.
- 네 번째는 윤리적 정직함과 격려로 학습자와 교감하는 것이
  다. 그들은 도덕적이고 존경받을 만한 성품을 지녔기에 제자
  들로부터 권위를 세울 수 있었다.

탁월해지고 싶은가? 그렇다면 어떤 분야를 심층 연습할 것인지
고민하라. 자신의 인생과 일에 가르침을 줄 스승을 어떻게 만날

것인지도 심사숙고하라. 시간이 더 흐르기 전에 진지하게 생각해
보라.

기본기를 다져라

'고도원의 아침편지'의 주인공인 고도원 씨가 강연할 때 항상 강조하는 것이 한 가지 있다. 바로 '꿈'과 '기본기'다. 그에 따르면, 미국에서 자수성가한 최고의 백만장자 733명을 인터뷰한 토마스 스탠리 박사는 이들에게서 크게 두 가지 공통점을 발견했는데, 그 비결은 바로 꿈과 기본기였다고 한다.

흔히 TV 프로그램에서 자주 등장하는 '달인' 또는 사람들을 열광하게 만드는 스포츠 스타들도 끊임없는 반복 연습이 없었다면 지금의 자리에 오르기 힘들었을 것이다. 그만큼 '반복 연습'은 기본기를 완성하는 데 매우 중요한 요소로 꼽힌다. 스포츠, 예능, 예술, 문학, 비즈니스, 연구 등 삶의 거의 모든 분야에서 기본기의 중요성이 강조되지 않는 영역은 없다. 심지어 자유로운 사고와 창의성이 가장 중요시되는 디자인이나 작곡 같은 분야에서조차 기본기의 중요성을 강조한다.

표현력은 매우 뛰어나지만 스텝, 스핀, 점프가 불안한 발레리나를 상상해 보라. 표현력이 아무리 좋아도 자신의 실력을 백 퍼센트 발휘하기는 어려울 것이다. 기본기에 감수성과 철저한 몰입이 더해질 때 비로소 사람들에게 감동을 줄 수 있다.

세계적인 프로 골퍼도 교습가로부터 꾸준히 레슨을 받는다. 변화를 추구하거나 새로운 기술을 습득하기보다 기본기를 충실히 다지는 목적이 더 크다. 타이거 우즈와 부치 하먼의 일화를 봐도 알 수 있다. 대회에 출전한 타이거 우즈는 왠지 볼이 평소처럼 잘 맞지 않았고, 개인 교습가인 부치 하먼에게 전화를 걸어 도움을 요청했다. 전용 제트기를 타고 대회장에 도착한 부치 하먼은 타이거 우즈의 샷을 본 뒤 이렇게 말했다.

"볼 반 개 정도 뒤로 물러나서 샷을 하라."

아주 기본적인 조언이었지만, 타이거 우즈 스스로 깨닫지 못한 사실이었다. 세계 최고의 골퍼인 타이거 우즈조차 자신도 모르게 볼에 가깝게 다가섰던 것이다.

세계를 통틀어 가장 성공한 독일 출신의 타입 디자이너이자 세계 폰트의 거장이라 불리는 에릭 슈피커만Erik Spiekermann은 자신의 저서『타이포그래피 에세이』에서 "때로는 법칙을 따르는 것이 최선일 수도 있다. 하지만 그 단계를 뛰어넘기 위해서는 법칙을 깨트려야 할 필요도 있다. 좋은 디자이너는 법칙을 깨트리기 이전에 먼저 모든 법칙을 익힌다"며 특별함은 탄탄하게 다져진 기본기에서 시작됨을 강조하고 있다.

바둑에도 정석이라는 것이 있다. 바둑에서 정석定石이란, 공수攻守에서 최선이라고 인정된 방식으로 서로의 유불리함 없이 돌을 놓는 법을 말한다. 바둑의 정석을 이해하기 어렵다면, 어렸을 때 한두 번씩 두었던 장기의 정석을 연상하면 된다. 장기판에 말을 놓는 방법은 반드시 사전에 약속된 대로 지정된 곳에 놓여야 하며, 처음 십여 수까지는 상대와 나의 수가 유불리함 없이 지속된다. 이 상태를 정석으로 생각하면 된다. 체스도 이와 비슷하다.

정석은 각기 다른 상황에서 대처할 수 있도록 많은 방법들이 체계화되어 있다. 그런데 이러한 정석은 일단 외워야 한다. 말하자면 정석이란, 하나의 공식이자 무언의 약속과 같다. 그러나 완전히 암기한 후에는 정석에 연연해하지 말고 모두 잊어버리는 것이 좋다. 왜냐하면 정석은 나만 아는 것이 아니고, 내가 바둑돌을 놓을 때마다 상대 또한 정석대로 두기 때문에 일정한 수까지는 패턴이 깨지지 않는다. 하지만 어느 순간 상대가 갑자기 정석대로 두지 않으면, 이때부터는 자신의 수읽기를 통해서 새로운 한판을 만들어 가야 한다. 바둑에서 정석은 반드시 외워서 활용하되 모두 잊어버려야 한다는 말이 나오는 이유다.

비즈니스 분야도 예외는 아니다. 독일에서 영업 트레이너 및 비즈니스 강사로 활동 중인 마르틴 림벡Martin Limbeck은 『영업의 고수는 다르게 생각한다』를 통해 다음과 같이 기본기의 중요성을 강조하고 있다.

영업은 기술이다. 모든 기술자가 도구의 사용법을 익혀야 하는 것처럼, 모든 '언변 기술자'도 모든 문장이 필요한 자리에 완벽하게 들어맞을 때까지 배우고 연습해야 한다. 온갖 논리가 술술 흘러나올 때까지, 한마디도 버벅대지 않을 때까지, 고객의 모든 반론과 모든 비판을 무너뜨릴 때까지. 기술자는 견습공으로 시작하여 배우고 연습하고 실험한다. 그러다가 도제가 되고, 다시 배우고 연습하고 실험한다. 마에스트로가 될 때까지. 하지만 마에스트로가 된 다음에도 여전히 배우고 연습하고 실험한다. 바로 이것이 최고 경영자가 갖추어야 할 마음가짐이고 자세다.

기업에서 성과를 내는 데 필요한 역량 중 스킬이 차지하는 비율이 80%나 된다고 한다. 예를 들면, 원활한 커뮤니케이션을 하기 위해서는 경청, 질문, 공감과 같은 스킬이 중요하다. 이러한 스킬들은 저절로 획득되는 것이 아니다. 꾸준한 연습을 통해 능숙해진다. 자, 당신이 알고 있는 '경청'을 행동으로 나타내 보라.

고개 끄덕이기, 눈 맞추기, 확인하기, 반응하기 등은 당신도 이미 알고 있는 것들이다. 그러나 연습을 통해 몸에 익히지 않으면 자연스럽게 하기 힘든 행동들이다. 고수들은 기본기가 탄탄하다. 그리고 그들은 그것을 지나칠 정도로 강조한다. 신중하게 계획된 훈련, 반복적인 피드백 등은 모두 탄탄한 기본기를 위한 것들이다.

제가 하루를 연습하지 않으면 저 자신이 알고, 이틀을 연습하지 않으면 평론가들이 알고, 사흘을 연습하지 않으면 관객이 압니다.

- 아르투르 루빈스타인(Artur Rubinstein)

사랑이 특별함을 만든다

자신이 선생이라고 굳이 말하지 않아도 그가 이 시대의 진정한 스승임을 온몸으로 느끼게 하는 사람들이 있다. 픽션이지만 허준은 유의태라는 스승이 있었기에 조선 최고의 명의가 될 수 있었다. 유의태는 허준이라는 좋은 제자가 있었기에 온몸을 던져 자신의 의술을 전수할 수 있었다.

스승과 제자, 멘토와 멘티, 영혼의 동반자, 소울메이트 등 선물과도 같고 운명과도 같은 이 극적인 만남이 새로운 역사를 만든다. 박지성에게는 히딩크가, 타이거 우즈에게는 얼 우즈가 있었다. 모차르트에게는 레오폴드가 있었고, GE의 제프리 이멜트에게는 잭 웰치가 있었다. 그리고 헬렌 켈러에게는 애니 설리번이 있었다. 세상의 빛을 보지도 못하고, 말을 하지도 듣지도 못했던 헬렌 켈러는 단 3일만이라도 볼 수 있다면, 첫날 자신을 가르쳐준 애니 설리번을 보고 싶다며 다음과 같이 말했다.

첫날은 눈을 뜨는 순간 나를 가르쳐준 애니 설리번 선생님을 보고 싶다. 그의 인자한 얼굴 모습, 끈질긴 사랑의 힘, 그리고 성실함, 이 모든 그의 성품을 내 마음속 깊이 새겨 놓겠다. 다음에는 녹음이 우거진 산과 들로 산책을 하며 하늘거리는 나무 잎사귀 모습, 아름다운 꽃들의 색깔, 그리고 그것들이 이루는 조화의 신비들을 만끽하면서 저녁에는 멀리 서편 하늘에 아롱지는 저녁노을을 보며 하루를 보내겠다.

둘째 날에는 뉴욕시의 번잡한 거리를 헤치며 많은 사람들의 틈에 끼어 메트로폴리탄 박물관 안에 진열된 역사의 작품들, 석탄기에 살던 공룡의 모습, 화석에 담겨진 고대의 식물들, 그리고 세계 역사의 발자취를 한눈에 살피고 싶다.

마지막 셋째 날에는 먼동이 트는 햇살과 함께 일어나 바쁘게 출근하는 군중들의 모습, 거미줄같이 줄지어 질주하는 자동차들의 움직임 등을 보면서 나는 극장으로 뛰어가겠다. 극장에서 공연되는 오페라 가수들의 노래와 우아한 동작들, 그리고 영화관에서 상영되는 명배우들의 액션을 감상하겠다.

또한 리웨이원李維文은 하나님께서 귀중한 경험과 기회를 주신 이삼 일 동안에 "인생에 가장 중요한 7인 중 한 사람인 쓴소리와 비판을 아끼지 않는 사람을 만나라"고 충고한다. "충성스러운 말은 귀에 거슬리나 행실에는 이롭고, 좋은 약은 입에 쓰나 병에는 이롭다"는 고사성어를 당신도 잘 알고 있을 것이다.

지나온 날들을 돌이켜 보면서 '그때 그 말을 들었으면 참 좋았을 텐데……' 하는 후회를 할 때가 있다. 그중에는 비난이 섞인 말들도 있었지만 도움이 될 만한 이야기들도 많았다. 어렵사리 그런 말을 해주었던 이들은 대부분 사랑하는 가족이거나 나를 진심으로 아끼는 선배나 직장 상사 혹은 친구였다.

'피드백'이라는 화두를 놓고 자료를 찾고 생각과 경험을 정리하면서 내린 나만의 결론은 조금 엉뚱하게 보일지도 모르지만 '사랑'이다. 그렇다. 피드백은 사랑이다. 아마도 살면서 가장 행복한 순간이 언제인지 묻는다면 '누군가로부터 사랑받고 있다는 확신이 들 때'라고 말하고 싶다. 피드백을 통해 우리는 누군가로부터 관심과 사랑을 받고 있음을 느낄 수 있다.

누군가가 나에게 꽃 한 송이를 선물했다면 그는 나에게 꽃을 주려고 생각한 순간부터 그 꽃을 받고 기뻐할 내 모습을 상상하면서 온통 내 생각만 했을 것이다. 이 얼마나 고마운 일인가! '한 송이 꽃'을 통해 나라는 사람을 생각한 시간은 받은 꽃에 비할 바가 아니다. 피드백도 마찬가지다. 피드백은 상대에게 진심으로 관심을 가지고, 상대의 성장을 위해 지속적으로 충고와 지지와 도움을 제공하는 과정이다.

에리히 프롬Erich Fromm은, 사랑이란 '생명이 있는 존재의 성장에

대한 지속적인 관심과 노력'이라고 정의했다. 그래서 피드백은 사
랑이다.

멋진 피드백이
일상화 되기를 기원하며

최근 들어 카페에 앉아 글 쓰는 시간이 많아졌다. 다양한 생각들이 떠오르다 지나가고, 다시 떠오르는 상황 속에서 문득 '내가 왜 이 책을 쓰고 있지?'라고 자문해 보았다.

분에 넘칠지 모르지만 '사람들이 더 성장하는 데 이 책이 조금이나마 도움이 되면 좋겠다'라는 생각이 들었다.

책을 마무리하는 시점에서 다시금 피드백의 의미를 생각해 본다.

"사랑하면 알게 되고 알게 되면 보이나니 그 때 보이는 것은 전과 같지 않더라"라는 누군가의 말은 피드백을 대하는 마음가짐을 알려준다.

피드백은 결국 상대에 대한 사랑이요 관심이다.

얼마 전 장인어른 회갑 날, 사랑하는 아내로부터 귀를 의심할 만한 칭찬을 들었다.

"남편은 참 존경할 만한 사람이에요."

멋진 피드백이었다.

집필이 시작되면서 휴일 대부분의 시간을 책과 씨름했다. 자연스레 가족들을 대하는 시간이 줄었다. 그럼에도 아내는 나에게 최고의 피드백을 주었다. 남편의 책을 내심 기대했던 모양이다.

그동안 아낌없는 지지를 보내준 아내 성은, 예쁜 공주 하연, 하경에게 감사의 마음을 전한다.

더 새로워진 남편의 모습을 선사하리라!

공동저자 조 윤 호

참고문헌

• 『긴세대 리더의 반란』, 조미진(2014), 알에이치코리아

• 『리더를 위한 코칭스킬』, 퍼드낸드 퍼니스 저, 박광엽 역(2002), HR Partner 컨설팅

• 『반성적 사고와 피드백』, 제인 웨스트 버그, 힐리어드 제이슨, 방재범 역(2015), 군자출판사

• 『베스트 플레이어』, 매슈 사이드 저, 신승미 역(2010), (주)행성비

• 『사람을 이끄는 힘 』, 로버트 스티브 캐플런 저, 한수영 역 (2012), 교보문고

• 『신뢰의 속도』, 스티븐 M. R. 코비 저, 김경섭, 정병창 공역(2009), 김영사

• 『월간 혁신 리더』, 김명현(2014. 11), 한국능률협회컨설팅

• 『영업, 코칭이 답이다』, 김상범(2015), 호이테북스

• 『열광의 조건』, 데이비드 시로타, 루이스 미쉬킨드, 마이클 멜처 공저, 이진원 역(2007), 북스넛

• 『일공부』, 류량도(2015), 넥서즈 Biz

• 『일생에 한 번은 고수를 만나라』, 한근태(2013), 미래의창

• 『원 모어』, 홀리그린 저, 김지현 역(2010), 비즈니스맵

• 『잘되는 회사의 16가지 비밀』, 퍼드낸드 포니스 저, 홍의숙, 김희선 공역(2009), 랜덤하우스

• 『조훈현 고수의 생각법』, 조훈현(2015), 인플루엔셜

• 『직무수행관리』, 오브레이 다니엘, 제임스 다니엘 공저, 오세진, 이요행, 문광수, 김성은, 소용준, 유은정 공역(2009), 학지사

• 『재능은 어떻게 단련되는가』, 제프 콜빈 저, 김정희 역(2010), 부키

• 『타이포그래피 에세이』, 에릭 슈피커만 저, 김주성, 이용신 공역(2014), 안그라
  픽스

• 『탤런트 코드』, 다니엘 코일 저, 윤미나 역(2009), 웅진지식하우스

• 『트러스트』, 프랜시스 후쿠야마 저, 구승희 역(2002), 한국경제신문사

• 『행동이 성과를 만든다』, 로빈 스튜어트 코츠 저, 김원호 역(2008), 비즈니스맵

• HR블레틴 2019. 2. 13. 양민경 "팀의 유형에 따라 효과적인 피드백은 다르다"

• Balcazer, F. E., Hopkins, B. l., & Suarez(1985). A critical objective view of
  performance feedback. Journal of Organizational Behavior Management,
  7, 65-89.

• Chapanis, A. (1964). Knowledge of performance as an incentive in
  repetitive, monotonous tasks. Journal of Applied Psychology, 48, 263-
  267.

• Gilbert, G. (1978). Human Competence: Engineering Worthy
  Performance. New York: McGraw-Hill.

• Komaki, J., & Barnett, F. (1977). A behavioral approach to coaching
  football: Improving play excution of the offensive backfield on a youth
  football team. Journal of Organizational Behavior Management, 3, 151-
  164.

• K. Anders Ericsson, Ralf Th. Krampe, and Clemens Tesch-Romer(1993).

The role of deliberate practice in the acquisition of expert performance. Psychological Review ,100(3), 363-406.

- Martin, G. L., & Hrycaiko, D. (Eds.), (1983). Behavior modification and coaching: Principles, Procedures, and Research, Champaign. IL: Charles C. Thomas.

- Van Houten, R. (1980). Learning through feedback. New York: Human Sciences Press. Academy of Management Journal , VOL. 61, NO. 6 | Articles normal

- Jing Zhou and Daan van Knippenberg.(2018), Different Strokes for Different Teams: The Contingent Effects of Positive and Negative Feedback on the Creativity of Informationally Homogeneous and Diverse Teams. Academy of Management Journal , VOL. 61, NO. 6 | Articles

탁월한 리더는 피드백이 다르다

3판 1쇄 인쇄 | 2020년 10월 10일
3판 1쇄 발행 | 2020년 10월 15일

지은이 | 김상범 · 조윤호 · 하주영
펴낸이 | 김진성
펴낸곳 | 헤르테북스

편 집 | 허강, 김선우
디자인 | 장재승, 이은하
관 리 | 정보해

출판등록 | 2005년 2월21일 제313-2005-000034호
주 소 | 경기 수원시 장안구 팔달로237번길 37, 303(영화동)
전 화 | 02-323-4421
팩 스 | 02-323-7753
이메일 | kjs9653@hotmail.com
홈페이지 | www.heute.co.kr